教育部职业教育与成人教育司推荐教材

中等职业学校现代市场营销专业教学用书

现代市场营销策略

（第4版）

主编 汪 静 詹 露 宋 锐

电子工业出版社

Publishing House of Electronics Industry

北京 · BEIJING

内 容 简 介

本书结合现代市场营销工作岗位的能力要求，介绍了市场营销的含义、现代市场营销意识、市场营销环境、消费者市场需求、市场细分的程序、市场营销组合策略、市场调查与预测、产品市场寿命周期、产品品牌策略、定价策略、分销渠道选择与管理、现代促销策略、网络营销策略等内容。章节安排紧凑，内容生动活泼，可操作性强。每章均安排有实训内容，分为课堂训练和实战演习，有助于快速培养和提高学生的市场营销工作能力。

本书是教育部职业教育与成人教育司推荐教材，可作为中等职业学校现代市场营销专业的教学用书，也可作为企业一线市场营销人员的实战性培训手册。

本书还配有电子教学参考资料包，包括教学指南、电子教案、习题答案及电子模拟试题（自动生成答案），详见前言。

图书在版编目（CIP）数据

现代市场营销策略 / 汪静，詹露，宋锐主编. —4 版. —北京：电子工业出版社，2019.12
ISBN 978-7-121-38117-1

Ⅰ．①现… Ⅱ．①汪… ②詹… ③宋… Ⅲ．①市场营销－营销策略－职业教育－教材 Ⅳ．①F713.50

中国版本图书馆 CIP 数据核字（2019）第 266250 号

策划编辑：徐　玲
责任编辑：王凌燕
印　　刷：北京捷迅佳彩印刷有限公司
装　　订：北京捷迅佳彩印刷有限公司
出版发行：电子工业出版社
　　　　　北京市海淀区万寿路 173 信箱　邮编　100036
开　　本：787×1 092　1/16　印张：10.5　字数：275.5 千字
版　　次：2005 年 5 月第 1 版
　　　　　2019 年 12 月第 4 版
印　　次：2025 年 7 月第 12 次印刷
定　　价：28.00 元

凡所购买电子工业出版社图书有缺损问题，请向购买书店调换。若书店售缺，请与本社发行部联系，联系及邮购电话：（010）88254888，88258888。

质量投诉请发邮件至 zlts@phei.com.cn，盗版侵权举报请发邮件至 dbqq@phei.com.cn。

本书咨询联系方式：xuling@phei.com.cn。

前言

某公司为了获得更高的销售额，专门请了产品策划公司来进行营销策划。策划者说"策划最大的本事就是将好产品卖出更好的价钱。"说完他讲了一个例子：如何卖一只杯子？

第一种卖法：卖产品本身的使用价值：3 元/只。

如果把它仅仅当作一只普通的玻璃杯子放在普通的商店，摆在货架上用最普通的方式销售，这只杯子最多也只能卖 3 元钱，还有可能被邻家小店老板娘降价招客来竞争，使得利润一降再降。这就是最没有意义的卖法。

第二种卖法：卖产品的组合价值，10 元/只。

如果你将三只杯子全部做成卡通造型，分别印上卡通形象的爸爸、妈妈和孩子，组成一个温馨的家庭套装杯，这样的套装可以卖 30 元/组。隔壁的杯子还是 3 元/只，而当一家人开始选购的时候，小孩会拉着爸爸妈妈去买这套杯子，这就是产品附属的组合价值。

第三种卖法：卖产品的功能延伸价值：120 元/只。

如果你能通过高科技手段对杯子的材料进行更新，同时添加一些其他的设计，使得杯子具有吸附微小颗粒、深度净化水质的功能，那么作为高科技的产品，这只杯子卖到 120 元/只也不为过，再加上合适的推广营销、精美的设计包装，价格还能再提高不少。这就是产品附属的延伸价值。

第四种卖法：卖产品的纪念价值：1000 元/只甚至更高。

如果你有渠道和机会，让这只杯子被某位明星用过，或者和某位明星在电视上同台，那这只杯子又更具炒作的价值了，因为它被赋予了明星的效应，这是更大的价值，在粉丝追捧下，卖到 1000 元以上毫不夸张，毕竟这可是明星用过的杯子；或者对杯子的样式进行创新，并设置为限量版，像之前炒得火热的星巴克猫爪杯。这种杯子被人买回去不是用来喝水的，而是拿去收藏的。这就是产品附属的纪念价值。

小小的杯子从最简单的 3 元/只到后来能卖到上千元一只，这个差别是多么的巨大！

随着经济全球化的不断发展和完善，我国已经成为对外贸易大国，各国商品纷至沓来，商品极大丰富，已经是全方位的买方市场，消费决定营销，事实上，消费者在购买商品时，除了商品本身的使用价值外，更多的是购买商品的附属价值，比如品牌、文化、艺术、身份象征、面子、包装等各种附属价值，使商品能给予使用者自身更多的意义。同样的杯子，从杯子的概念上来看，它的功能、结构、作用依旧如故，但随着杯子各种组成元素的改变，它的价值在不断地发生变化。

一只简单的杯子就有如此多的卖法，这就是营销的艺术。不论是做什么生意，作为营销策划者应该思考的就是如何把商品的价值提高，从而获得更多的利润，把握这门做生意的艺术，才能成为成功的营销策划。因此，企业越来越重视市场营销活动，从事营销的人员越来越多，我们应该把全新的营销理念和方法告诉他们，全面提高他们的现代营销意识。

本书正是遵循这一原则，针对市场营销的工作岗位要求和职业院校学生的特点，突出技能训练，将市场营销人员所需要的各种技能巧妙地融合在基本理论中，从而将本书编写成为一本不仅适合学生，而且适合企业一线营销人员的实战性培训手册。

本书第 3 版面市后，受到全国职业教育院校广大师生的欢迎和认可，这是对原作者辛勤劳动的肯定。由于时代的进步，形势的发展，许多营销理念和方法有了太多的更新，为了跟上时代前进的脚步，我们重新编写。在本次修订中，强化了本书四大特点。一是实用性强，技能训练贯穿全书，既有课堂训练，又有课外实战演习，尤其适合企业市场营销人员的岗前培训。二是理论知识以"适度、够用"为原则。语言文字通俗易懂，辅以大量的案例进行说明，并配有清晰的插图和提示，大大增强了本书的可读性和趣味性。三是内容新颖，在结构上大胆创新、独树一帜，内容选取以新近发生的案例为主，每一章以启发性的案例引入主题，将答案巧妙地写入正文，并把知识要点和能力要点集中提炼出来。在每一章结束时，还对重点内容进行了总结。四是编写人员力量强大，编写组全体成员有丰富的教学经验，同时均在企业任职，且长期从事培训工作，对企业营销工作的具体内容和学生基本情况都非常熟悉，从而保证本书具有很强的实用价值。对授课教师而言，本书既是教材，也是参考工具书。

由于时间紧迫，在编写过程中难免存在疏漏，恳请全国的专家和广大学员以及企业一线的市场营销人员提出宝贵的意见，共同为我国现代市场营销人才的发展、壮大做出贡献。

本书由汪静、詹露、宋锐担任主编，周静编写第 1 章和第 2 章，樊谆编写第 3 章，王颖编写第 4 章、陈桂荣编写第 5 章，刘祥编写第 7 章，汪静编写第 6、8、9 章。

本书由徐翠梅担任主审。

为了方便教师教学，徐云制作了电子教学参考资料包，包括教学指南、电子教案、习题答案及电子模拟试题（自动生成答案），请有此需要的教师登录华信教育资源网免费注册后进行下载，在有问题时请在网站留言板留言或与电子工业出版社联系（E-mail: hxedu@phei.com.cn）。

本书通过教育部认定，是教育部职业教育与成人教育司推荐教材。

编　者

目　录

第1章　市场营销概述

知识要点

❖ 市场的含义和类型。

❖ 市场营销所包含的几个重要概念。

❖ 几种全新的市场营销理念。

❖ 营销人员应具备的现代市场营销意识。

能力要点

❖ 树立正确的市场营销观念，培养现代市场营销意识。

❖ 培养和提高学生的语言表达和沟通能力、团队精神及合作意识。

引例1

　　微软公司，这个统治全球个人计算机操作系统及提供全方位应用软件开发的"巨无霸"，在1975年成立之初只是一家默默无闻的小型应用软件开发公司。当时，微软公司在实施多元计划后，开发出一种被称为"多用工具"的软件，这种软件在当时十分先进，强大的功能使其明显优越于其他任何公司的产品。在产品上市之前的研讨会上，大家都认为这款产品应该叫作"多用工具"，并在包装最显眼的地方标示出来，突出"多用工具"。但罗兰德·汉森极力反对，他是比尔·盖茨从肥皂大王尼多格拉公司挖来的营销副总裁，虽然他对软件一窍不通，但他却是个营销高手。他批评包括比尔·盖茨在内的专家根本不懂消费者的心理，他告诫比尔·盖茨，要想让公司的产品在市场上站住脚，必须塑造自己的品牌，他主张微软公司所有的产品都应该只使用一个品牌——"微软"。两种意见各有道理，软件设计师认为"多用工具"能够紧紧抓住用户的好奇心，而"微软"这个名字默默无闻，消费者并不一定认可，会导致这款产品强大的功能不被人重视，很可能对销售造成巨大影响；罗兰德·汉森则认为"微软"这个品牌虽然暂时不为大家所熟悉，但时间一长，"微软"就会家喻户晓，而如果微软公司每个新产品都取不同的名字，消费者记住的只是"多用工具"等产品名称，而对公司名称却难以留下深刻的印象。那么，这款具有强大的新功能的产品到底应该叫什么名字呢？

1.1 市场的含义和类型

如果问什么是市场，你可能会说，这还用问，地球人都知道，买菜去菜市场，买衣服到服装市场，市场就是买卖东西的地方。

1.1.1 市场的含义

要回答这个问题，就要先了解市场是怎样形成的。

在原始社会，人们就有了社会分工，不同的人从事不同的生产，有种地的、有狩猎的、有捕鱼的……种地的不能一辈子只吃粮食，他们需要吃鱼和野味，同样的道理，捕鱼的和狩猎的也需要粮食，这就不可避免地出现了交换。随着交换行为的日益频繁，人们彼此都觉得应该有一个相对固定的地方来专门进行各种物品的交换，当这个专门用来交换的地方被固定后，规模就越来越大，慢慢就形成了市场。即使在今天，有的乡镇仍然保留了赶集的习俗，在固定的时间，人们从四面八方赶到一个固定的地方进行交易，交易完毕，又各自散去。当然，现在的交换不再是以物易物，而是以货币换取商品。

1．市场的第一个概念

市场是买卖双方交易的场所。我们所熟悉的菜市场、电器市场、服装市场等，都是专门供买卖双方进行商品交换的场所。这些市场有几个共同的特点：既有买方也有卖方；有一定的交易场所和条件；有较为固定的交换活动。如果只有买方或只有卖方，就不可能形成交换；如果这个场所只是偶尔用于交换，也不能叫作市场；而且如果交换的规模不大，人数太少，仍然不能叫作市场，必须同时满足以上三个条件才能称为市场。

随着科技的进步，经济的发展，交易品种越来越多，交易手段日益现代化，很多交易不需要固定的场所也能进行。例如，通过手机就可以完成各种交易，如图1-1所示。这种移动互联网技术使交易更为便利，人们在移动网络上选择商品并通过移动网络支付货币，不仅不需要场所，甚至买卖双方彼此之间都不需要见面。

图 1-1　移动支付

2．市场的第二个概念

市场是消费者对某种商品的需求总量。市场营销是站在卖方的立场研究消费者需求的特征和规律的一门学科。我们常说某种商品有没有市场，市场是大还是小，不是指场所，而是指有没有需求，需求量有多大。本书着重强调市场的后一层含义，主要从生产者的角度来研究消费者及其需求，从而帮助生产者顺利实现商品交换，而不是从消费者的角度去研究生产者的行为特征。

从不同的角度出发，对市场有不同的解释，既可以说市场是买卖双方交易的场所，也可以说市场是消费者对某种商品的需求总量。从经济学的角度讲，市场还有第三个概念：市场是商品交换关系的总和。本书主要讨论市场的前两个概念，尤其是第二个概念，因此下面将市场等同于需求。

> 市场的三个概念：一是指场所；二是指需求；三是指商品交换关系的总和。

1.1.2 市场的类型

对市场进行分类有助于企业深入了解各种市场的不同特点，为确定目标市场与制定市场营销策略提供决策依据。市场的分类如图 1-2 所示。

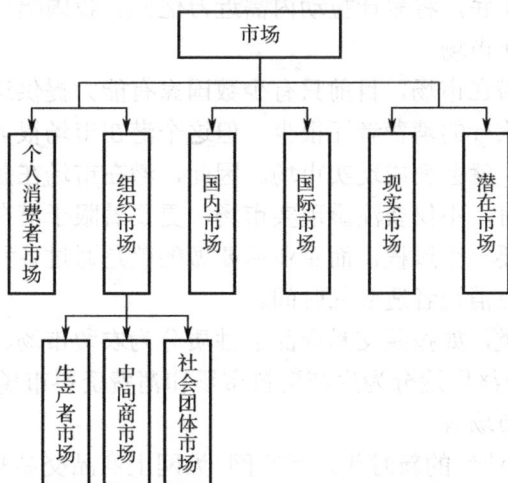

图 1-2 市场的分类

1. 个人消费者市场和组织市场

根据购买者不同，市场可分为个人消费者市场和组织市场。个人消费者市场由满足自身或家庭需要而购买的顾客组成，而组织市场则是由企业、政府、社会团体等各种组织构成的。

个人消费者市场的购买行为的目的是满足自身或家庭需要，一般是购买单件或少量商品。

组织市场又分为生产者市场、中间商市场和社会团体市场。生产者市场也叫产业市场，购买者是一些生产企业，它们购买的目的是用于生产加工，一般是购买工具和原材料。中间商市场的购买者的目的是转卖给别人，包括代理商、批发和零售商。社会团体市场的购买者主要是政府机构、学校、医院、各种社会团体组织，也包括各个公司、企业，但购买目的不是用于生产，也不是转卖，而是集团自己消费。例如，年货、办公用品、劳保用品等，各个单位都会购买，既有公司、企业，也有政府和事业单位，但都是各个单位自己消费，这一点跟个人消费者市场很相似，但区别在于二者购买的数量差距很大。

2. 国内市场和国际市场

根据地域特征，市场可分为国内市场（本土市场）和国际市场（海外市场）。国内市场还可以进一步细分，有的企业将国内市场分为东北市场、华北市场、西北市场、西南市场、华南市场、华东市场和华中市场；而有的企业则只分为北方市场和南方市场，这是因为企业的业务范围和营销策略不同。同样，不同的公司对国际市场的细分也不一样。全球贸易一体化逐渐缩小了国家之间的地域距离,要求国内企业的市场行为也逐步国际化。

3.现实市场和潜在市场

根据消费者需求的表现,市场可分为现实市场和潜在市场。现实市场是指消费者对某种商品的需求量较大,而且具有现实的购买力。也就是说,消费者不仅大量需要某种商品,而且能够说买就买。例如,房地产市场、家庭轿车市场、计算机市场、数字彩色电视机市场等都属于现实市场。现实市场的特征是消费者既有需求,又有购买力。如果只有需求而无购买力,或者有购买力但无需求,就称为潜在市场。例如,2019年我国果断采取扩大内需的政策,组织家电、汽车下乡,至年底,将累计拉动内需近万亿元。我国幅员广阔、人口众多,尤其广大农村是一个巨大的潜在市场。

太空旅行市场也属于潜在市场,目前只有少数国家有能力提供这种服务。有能力支付旅行费用同时又渴望到太空旅行的消费者还很少,但这个潜在市场很大,因为有此需求的人很多,一旦旅行成本降下来,就会变成现实市场。因此,潜在市场在条件发生变化时就可以转化为现实市场。对企业而言,不仅要注重现实市场,更要着眼于潜在市场。任何新鲜事物从出现到被消费者接受都需要一个过程,而企业所要做的就是通过各种宣传活动引导消费者形成新的消费习惯,尽量缩短消费者适应的时间。

市场还有很多其他分类,如按照交易商品的性质分为农贸市场、机电市场、服装市场、金融市场等;按照商品的最终用途分为生产资料市场和消费资料市场、城市市场和农村市场、有形商品市场和无形商品市场等。

"在全民创新、万众创业"的新时代,互联网+为网上商品交易开辟了一个全新的市场,网上交易也成为一个全新的交易场所。因此,网络营销市场也会紧紧跟随时代的步伐,向全新的领域发展。

> 市场营销学对市场的分类主要依据购买者的购买动机和购买行为,而不是按照其购买产品的不同来划分。

虽然市场都是由消费者构成的,但不同类型的市场有不同的特征,这就要求企业必须了解与熟悉消费者的消费特点,并采用不同的市场营销策略。罗兰德·汉森作为微软公司的营销副总裁,虽然对软件开发一窍不通,但他却非常熟悉消费者的消费习惯和特点,由于他的坚持,比尔·盖茨最终听从了他的意见,宣布今后微软公司的所有产品都以"微软"为标志。正是这一正确的决定,才掀开了"微软帝国"雄霸天下的历史篇章。这个案例至今已经40多年了,而"微软"依然是全球巨无霸,因此,这个案例值得我们反复思考。

1.2 市场营销

麦当劳营销理念

"麦当劳不仅仅是一家餐厅"这句话精确地涵盖了麦当劳集团的经营理念。在全球麦当劳的整体制度体系中,麦当劳餐厅的经营是很重要的一环,因为麦当劳的经营理念——欢乐、美味是通过餐厅的人员传递给顾客的。

然而餐厅并不是麦当劳这一世界品牌的全部,它只是冰山一角,因为在它的后面有全面的、完善的、强大的支援系统全面配合，已达到质与量的有效保证，而这强大系统的支援包括：拥有先进技术和管理的食品加工制造供应商、包装供应商及分销商等采购网络、完善健全的人力资源管理和培训系统、世界各地的管理层、运销系统、开发建筑、市场推广、准确快速的财务统计及分析，等等。每一个部门各尽职能，精益求精，发挥团队合作精神，致力于达到麦当劳"百分百顾客满意"的目标。

"麦当劳是群体力量的成功故事，只要继续共同努力，我们必会永远独占鳌头。我们对汉堡包行业的态度比谁都认真。当时是如此，现在也是如此！麦当劳不是空谈品质、服务、清洁和物有所值，我们是付诸行动的！"

品质：麦当劳重视品质的精神，在每一家餐厅开业之前便可一见。首先是在当地建立生产、供应、运输等一系列网络系统，以确保餐厅得到高品质的原料供应。同时麦当劳食品必须经过一系列严格的质量检查，仅牛肉饼就有40多项质量控制的检查。或许很多顾客并不知道麦当劳的食品控制程式如何复杂，但是他们都深深地体验过成果，这就是麦当劳高品质、美味和营养均衡的食品。

最佳：意味着我们与全球最优秀的组织合作，如可口可乐、迪斯尼和奥林匹克……以达到我们与联合伙伴一起奠立的领导地位服务：快捷、友善、可靠的服务是麦当劳的标志。麦当劳从经验中懂得向顾客提供优质服务的重要性，因此每一位员工都会以顾客为先的原则，为顾客带来欢笑。

清洁：餐厅的每一个用具、位置和角落都体现出麦当劳对卫生清洁的重视。麦当劳为顾客提供了一个干净、舒适、愉快的用餐环境。

物有所值：麦当劳在给顾客提供了高品质的、营养均衡的美味食品的同时，也为顾客带来了更多的选择和更多的欢笑，顾客在麦当劳大家庭会充分体验到"物有所值"的承诺。

麦当劳成为世界"最佳"用餐经验的快速服务餐厅。

对麦当劳而言，"最佳"意味着品牌在全球得到信赖和尊崇。

对顾客而言，"最佳"意味着在世界的任何地方，每一次光临麦当劳都能享受出众的品质、服务、清洁和物有所值，并且能够为顾客带来欢笑。

对我们的社区而言，"最佳"意味着社区因为有我们的存在而感到骄傲。

对持牌人而言，"最佳"意味着有成功的把握，可以建立财富，并与麦当劳成为高度合作的伙伴关系。

对员工而言，"最佳"意味着机会、奖励、全球性的发展及有意义的工作。

对供应商而言，"最佳"意味着让他们有信心投资，相信他们能与麦当劳一起得到利润的增长，并和麦当劳成为业务的伙伴。

对股东而言，"最佳"意味着发展和获利，并能在这个行业中得到最好的回报。

1.2.1 市场营销的含义

市场营销是指企业在适当的时机和地点，以适当的方式将适当的产品提供给适当的顾客。市场营销不是简单的推销，要做到全部适当，要求企业必须首先对顾客进行分类，明确自己的产品应针对什么样的顾客，根据顾客需求的特点设计、开发和生产相应的产品，然后选择正确的目标市场，并通过各种最佳渠道，采用合理的促销方式，从而最终实现交换。

市场营销不等于推销，推销只是市场营销的一部分，是在产品生产出来后想方设法将产品销售出去，至于产品该如何设计，怎么包装，则不是推销的职能。再大的公司，再畅销的产品，如果不能及时了解市场动态，不针对市场变化进行产品改进或开发新产品，不管质量有多好、价格如何优惠、推销人员如何有实力，最终都会以失败告终。

企业市场观念既由生产力和商品经济发展水平所决定，同时又对生产力和商品经济的发展有着巨大的反作用。企业经营观念的正确与否，不仅直接影响企业经营的成败，而且对社会经济发展速度和效益也有着十分重大的影响。麦当劳之所以取得如此瞩目的成就，归功于其创始人克劳克执行彻底的市场营销观念。麦当劳懂得怎样向顾客提供适当的产品和服务，并不断地满足随时变化的顾客需要。但随着社会的进步，市场营销观念也在不断更新，绿色、创新随时都在考验每一个企业，麦当劳也不例外。

1.2.2　市场营销的形成过程

研究市场营销，就必须了解市场营销的形成过程，如图1-3所示。

需要 → 产品 → 价值 → 交换 → 营销

图1-3　市场营销的形成过程

由于消费者存在各种各样的需要，这就要求企业提供相应的产品（服务）来满足消费者的需要，企业通过满足消费者的需要赚钱，消费者若要满足自身需要就必须付出货币，而能否实现二者之间的交换，关键是企业的产品对消费者而言是否具有购买价值，当竞争出现时，消费者便会选择购买性价比高的产品，也就是他认为最值得买的产品。不同的消费者对购买价值的认识是不一样的，因为他们的需要是有区别的。对企业而言，如何使自己的产品让消费者更满意，从而最终完成交换，这就需要通过市场营销来完成。

1. 需要

人的需要是与生俱来并且不断变化的，既有现实需要，也有潜在需要。现实需要是非常具体和明显的需要，人们清楚地知道自己想要什么，满足什么目的；而潜在需要，是指人们暂时还没有明确意识到的需要，这种需要不如现实需要那么具体和明显，处于一种隐隐约约的状态。人们对衣、食、住、行的需要就是现实需要，每一个人都清楚这种需要对自己的重要性。例如，感冒了，我们都知道需要去看医生，但如果出现心理问题，还有很多人不清楚需要去看心理医生，这就属于潜在需要。同理，企业也存在需要，需要通过销售商品赚钱而使企业发展。正是整个社会都有需要，才为交换提供了条件。

了解需要这个概念，其意义在于：满足需要是实现交换的前提，但没有必要只盯着消费者的现实需要而忽略了消费者的潜在需要，开辟一片新天地往往会有意外的惊喜。

> 挖掘潜在需要也许能让你获得意外惊喜！

2. 产品

在市场经济中，产品几乎就等于商品，而所谓商品就是用于交换的产品。产品是生产者为满足消费者需要而生产的，希望通过向消费者出售而满足赚钱的需要，当买卖双方都认为值得并完成交换时，双方的需要都得到了满足。市场营销就是从企业的角度去研究消费者有什么需要，尽可能地满足消费者的需要，从而实现交换。经济越发达，产品种类越多。产品原则上分为有形产品和无形产品，凡是看得见、摸得着的产品都属于有形产品；而服务、思想、商标等属于无形产品。例如，理发、洗脚等服务，虽然你付了钱，什么东西也没有得到，但你的需要得到了满足。一个好的点子、创意很可能卖几十万元，还有些无形资产则是无价的，如名牌商标"可口可乐"值几百亿美元。

了解产品这个概念，其意义在于：企业生产的产品不是为了自己用的，而是为了卖给顾客，只有为消费者提供真正能满足其需要的产品才能实现交换。消费者的需要非常广泛并不断变化，因此，企业所能提供的产品也是非常广泛的，但需要不断推陈出新。设想一下，炎炎夏日，当你需要一块冰块时，雪花制冰机提供的冰块能让你如同含着新鲜的雪花。这是多么梦幻的体验。雪花制冰机是海尔旗下 GE Appliances 梦工厂的代表产品。梦工厂研发的产品越来越关注用户的真实需求。以用户需求为"孵化器"，GE Appliances 的 First Build 开放研发平台又被创客和用户们誉为梦工厂。以制冰为例，传统制冰方式耗时长，制做出来的冰块太坚硬。许多用户提出希望快速制冰，最好不冰牙。First Build 的工程师团队便研发了新技术——向冰内增加气泡，使用户感到如含着新鲜的雪花。这款产品，众筹当天就卖出了 7 000 多台。改革开放 40 多年来，我国众多产品都经历了从世界产品的模仿与追随者到引领世界的潮流者。

以手机为例，在 1G、2G 时代以诺基亚、摩托罗拉为代表，在 3G、4G 时代以苹果和三星为代表，然而进入 2019 年的 5G 时代却成了中国手机品牌的天下，华为、小米等国产品牌逐渐走向前台（见图 1-4）。中国高铁已经领先世界，成为全球通车里程最多、速度最快、运行最稳定、发送旅客最多的代表（见图 1-5），中国庞大的市场为产品提供了一个最佳的平台。在高铁领域，日、德、法等国空有技术却没有市场，中国不光有技术，也有国内市场支撑。当今世界科技日新月异，企业要有敏锐的市场捕捉能力，因为这些企业真正明白了市场和顾客才是"上帝"，顾客的需求就是他们的追求。

图 1-4　5G 时代　　　　　　　　　　　图 1-5　中国高铁

3. 价值

价值是消费者对产品满足其各种需要的能力的评估。价值通常是通过货币来表现的，即价格、价值是相对的，是消费者的一种主观评价。同样的商品，不同的消费者对其价值的认识是不同的，这取决于消费者对该商品能在多大程度上满足其需要的认识。例如，一套售价 9800 元的名牌西服，A 认为花近万元钱买一套不值得，而 B 愿意购买，他认为这套西服做工好、面料好、款式好，还因为是名牌，能显示身份和地位，满足其虚荣心。所以，二者对这套西服的价值高低的认识是不同的。这套西服价值 6 000 元还是 9 000 元，购买者心理并没有预期，消费者对某种产品价值的评价取决于自身的需要及他对该产品相关信息的了解程度。

对于企业而言，消费者的价值评价是可以影响和引导的，需要有针对性地宣传，关键是要紧紧抓住消费者的需要。为什么有的老人在吃、穿方面十分节省，甚至是"虐待"自己，但他们去寺庙烧香时却毫不吝啬，因为他们存在封建迷信思想。很多人对自己的需要并不清楚，尤其是潜在需要，如保险、心理健康等方面的需要。这就需要企业对消费者的需要加以引导，但切忌欺骗性宣传，这种行为也许能暂时获利，但不利于企业的长远发展。

了解价值这个概念，其意义在于：产品的价值是相对的，企业可以在一定程度上改变消费者对某一产品价值的认识。

4．交换

交换是市场形成的前提，市场营销的主要目的就是通过满足消费者需要而实现交换，获取利润。如果不能实现交换，那么，市场营销活动就是不完整的，但不能说是失败的，更不能说是徒劳的，因为这一次交换没有实现，但为下一次交换奠定了基础。对市场营销人员而言，必须树立这样的观念：不可能每次努力都会实现交换。

需要、产品、价值和交换是市场营销中非常重要的几个概念，简而言之，市场营销就是通过向顾客提供能满足其需要的产品，并运用各种手段使顾客感觉值得购买而最终实现交换的一系列活动。

1.3　市场营销的观念

以下是2019年年度最佳创新营销案例。

品牌名称：星巴克

媒体平台：当当网

星巴克（见图1-6）与其他咖啡厅的产品故事截然不同，他们是从葡萄酒开始的，从消费者最关心的口味开始。他们提出用品尝红酒的方式来品尝咖啡，提出极具创意性的主题："地理即风味"，并制定相关的全球性销售战略，不得不说，这个产品故事对消费者来说是很有说服力的。从2005年开始，星巴克就用这一主题故事来包装咖啡，他们希望通过产品故事来引导消费者，让消费者能够区分咖啡与咖啡之间的细微差别，如产地、工艺等，通过对产品故事的了解让消费者从众多咖啡中发现自己的最爱。他们的故事从葡萄酒开始：两瓶外观相似的葡萄酒，价格却有着天壤之别，这是为什么呢？因为葡萄酒的档次和价格是由其产地、历史、风味、酿造工艺和品牌决定的。酒客们对每瓶葡萄酒的故事都感兴趣，他们想知道有关葡萄酒的故事，想知道它是由怎样的工艺酿造的，是来自哪个庄园，这个庄园拥有多久的历史。消费者对咖啡也有着类似的需求，当你走进咖啡店，你一定想知道店里都有什么口味的咖啡，并向店主描述自己喜欢的口感："我不喜欢太苦的咖啡，但是也不要太甜了，最好口感温和一些。""我喜欢清爽一点儿的，最好是带酸味的咖啡。"然而，消费者在询问或是描述自己喜爱的味道时，其实并不知道它们是如何来的，但这并不代表消费者对此不感兴趣。星巴克针对消费者的这一需求，为咖啡做了一个很好的风味故事："我们所采用的咖啡豆，主要来自美洲、非洲和太

图1-6　星巴克

平洋等，这些种植区的咖啡豆由于各自所属种植区的天气、土壤、水分等情况不同，都有着自己独特的酸度、醇度和气味，无论你是喜爱水果的酸甜，还是泥土的芳香，星巴克都可以为您提供。"星巴克的故事营销可谓是销售的最高境界："我们卖的不仅仅是一杯黑色的咖啡，而是咖啡所带来的不同风味、不同文化。你喝的是一杯咖啡，更是打开一本蕴藏着世界文化的书，一种提升自己品位的独特方式。从星巴克的整个故事营销过程中，我们不难看出，星巴克的产品故事强调的是口味、是文化、是消费者一直关心和追求的问题。

星巴克的故事营销讲完了，那么作为销售人员的你，能讲出多少关于自己产品的故事呢？你的产品故事是否有说服力呢？如果没有，请在产品故事的设计之初就好好地构思。好故事之所以能打消客户的疑虑，无外乎有以下三个因素：①故事与产品的高效结合，如咖啡与口味的需求；②简单明了的主题思想，可以告诉客户这是什么；③充足且强有力的理由，可以让客户做出购买的决定。当你的产品故事具备真实、动听和灵魂时，你会发现打消客户疑虑是迟早的事。一个好的产品故事，就是成功的开始。

虽然长大成人，但我们还是怀念小时候听外公外婆讲故事时的欢快场景。思念不如实践，"星巴克"在当当网上发起了一场"讲故事促销售"活动，引来数万年轻人的追捧。

创新要点：选择与星巴克咖啡用户极为契合的当当网进行品牌传播，用简单易操作、极受用户喜爱的讲故事交互活动吸引众多年轻用户关注。在传递感情的同时，品牌信息和理念能在第一时间感染消费者。

案例分析：首先，充分发挥当当网 SNS 好友关系传播价值，将用户行为前置化，让他们登录当当网的首页就能轻松参与活动并且自主传播，最终形成 SNS 一传十、十传百的裂变效应。活动分两轮进行，一期活动中，当用户登录自己的当当网首页，就会看到超大 Flash 播放的一位好友送来的祝福，感兴趣的用户即会知晓活动并将祝福回赠给好友或传递给其他好友，形成 SNS 病毒扩散。

市场营销的灵魂在于创新，一切营销活动都是在一定观念的指导下进行的，时代在不断进步，人们的消费观念在不断变化，这就要求企业的营销观念需要不断更新以适应市场的变化，一味固守传统，生搬硬套，最终只能是被市场淘汰。

1.3.1 营销观念的演变

营销观念从 20 世纪初到现在先后经历了数次演变（见图 1-7），发生了两次观念大革命，从最初的生产观念、产品观念、推销观念到市场营销观念，这是第一次营销观念的革命；以后出现的社会市场营销观念、大市场营销观念等属于市场营销观念的延伸和扩展；网络营销观念和新零售营销观念的出现，成为营销观念的第二次革命。

1．产品观念

随着社会生产力的迅速提高，竞争在各个领域逐渐出现，企业不再是过去那种一统江山的垄断者，尤其是国外产品逐渐进入我国市场，消费者开始有了选择和比较，消费观念也开始变化，迫使企业重新审视自身产品的不足，纷纷对原有产品进行改进或推出新产品，很多企业干脆从国外引进全套机器设备，产品观念逐渐形成。1989 年，"海尔集团"还是一个只生产电冰箱的小企业，当时的厂长张瑞敏发现有 76 台电冰箱质量不合格，尽管当时电冰箱很贵，相当于工人两年的工资，而且这些电冰箱并非完全不能使用，大家都希望能便宜处理掉，但张瑞敏毫不犹豫地把大家召集起来并拿出一把大铁锤，宣布"谁干的就由谁把这些电冰箱砸烂"（见图 1-8）。张瑞敏说："因为大家过去没有质量意识，这次是我的责任，我的工资一分钱也不拿，但是今后谁再出问题，就应该扣掉谁的工资。"后来，哈佛商学院把此事收录进 MBA 教材的经典案例，并建议保存这把具有历史意义的大铁锤。至今，这把功勋锤还保留在"海尔集团"的展览厅里。

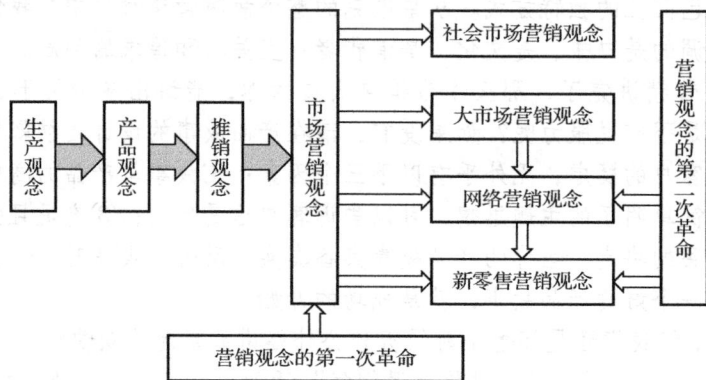

图 1-7　市场营销观念的演变过程

产品观念认为：产品是企业生存发展的基础，质量是产品的生命，只有质量好，有特色，才能抓住顾客的心。但这些企业忽略了很重要的一点，那就是竞争对手，当所有品质、功能甚至价格都不相上下的产品同时摆在消费者面前时，消费者往往无从选择。

2. 市场营销观念

有一次，"海尔集团"的 CEO 张瑞敏到四川考察，发现当地有农民用洗衣机洗红薯，他回去后给集团的技术人员说了这件事，征求他们的意见。技术人员认为，公司应该派人教会这些农民如何正确使用洗衣机，而不是开发一个用来洗红薯的洗衣机。你认为应该怎么做呢？

国外的市场营销观念最早出现于 20 世纪 50 年代，我国在 1984 年就由广东提出了市场营销的概念，但普遍为企业所接受则是在 90 年代中期。此时，企业意识到单抓产品质量或销售的某个方面是不可能持续发展的，企业必须整体规划，一切要以消费者为中心，根据消费者的喜好来设计、生产和包装商品，选择理想的销售渠道和途径，通过合理的价格和优质的服务来赢得顾客的心。

张瑞敏说，四川的那些农民用洗衣机洗红薯，说明那里有需求，有需求就有市场，就应该开发一种用来洗红薯的洗衣机。果然，"海尔集团"开发出来的"大地瓜"洗衣机又占领了一块令人意想不到的市场（见图 1-9）。

市场营销观念的核心在于：真正把消费者的需求放在第一位。市场营销观念的出现被称为是营销观念的一次革命，是一种成熟的现代营销观念，始终把消费者放在首位，使得营销观念上升到一个新的高度，而以后出现的一些新的营销观念基本上都是以市场营销观念为基础的。

3. 大市场营销观念

大市场营销观念出现于 20 世纪 80 年代，我国则是在加入 WTO（世界贸易组织）后出现这一观念的。该观念认为，经济全球化使得各国经济的相互依赖性越来越强，对于那些跨国集团而言，国内市场已经不能满足其需要，他们需要更多、更大的市场，而那些经济欠发达的国家和地区也需要通过与跨国集团合作来发展本国经济。像"麦当劳""肯德基""可口可乐""百事可乐""飞利浦""丰田"等众多跨国公司，业务已经遍布全球，其在各国开设的分公司早已融入当地，成为当地企业的一分子。随着我国"一带一路"发展战略得到全球越来越多的国家认同，众多国内企业也开始走向全球，如中国的高铁、地铁、核电、钢铁、汽车、家电等，在亚洲、欧洲、非洲、大洋洲等地区，都有中国人的身影，而且在国外开始建厂，聘请当地人作为中资企业的员工。

图 1-8　张瑞敏砸冰箱

图 1-9　"大地瓜"洗衣机

　　这表明，企业的市场行为日益国际化，对于企业而言，要想顺利地进入全球市场，必须处理好与当地政府的关系，巧妙地运用经济手段、心理手段、政治手段和公关手段，在适当的时候借助本国政府，解决一些企业只依靠自身实力而无法解决的问题。

4. 网络营销观念

　　互联网是一种利用通信线路，将全球计算机纳入国际联网的信息传送系统，它必将是未来市场营销最重要的渠道。网络营销的特性包括：可 24 小时随时随地地提供全球性营销服务；计算机、手机可储存大量的信息供消费者查询，可传送的信息数量与精确度远超过其他媒体；能因市场需求的变化及时更新产品或调整价格；减少印刷与邮递成本；无店面租金，可节约水、电与人工成本；可避免推销员强势推销的干扰；经信息提供与互动交谈，可与消费者建立长期良好的关系。互联网是一种功能最强大的营销工具，它同时兼具渠道、促销、电子交易、互动顾客服务及市场信息分析与提供的多种功能。

　　网络营销可视为一种新兴的营销渠道，它并非一定要取代传统的渠道，而是通过信息科技发展来创新与重组营销渠道。但不可否认的是，网络营销必然会给传统营销造成冲击，因此商业界必须要注意这种趋势，并与软件产业进行密切的联系与合作。

5. 新零售营销观念

　　近年来，阿里推出的"盒马鲜生"（见图 1-10）——新零售模式生鲜超市——集生鲜超市、餐饮体验、线上业务仓储三大功能。消费者在店内选购海鲜等食材之后，可以即买即煮，现场制作。盒马鲜生针对的目标是 80 后、90 后，给他们提供新鲜便于烹饪的生鲜食品。盒马鲜生和超市的最大区别是店后面隐藏着一个物流配送中心，支持线上销售。仓店一体，既是门店，也是仓库。过去，实体零售是人去找物的逻辑，商家花费营销投入，只为将消费者吸引到自己的货架前。电商崛起后，实现的是货去找人的逻辑，用户只需要一个 App 就能实现购物。新零售的商业模式是，线上线下结合，双向流量，消费者可以为了某些体验去实体店，也可以通过 App 将实体店的商品配送到家。传统零售始终无法将到店顾客数据化，形成和有价值的顾客持续沟通。新零售实现了客户、物流、支付等环节的数据化。在电商领域，如当当网跑到线下开设实体书店；在科技领域，小米公司的小米之家旗舰店（见图 1-11），目标是争取开 1 000 家线下门店。对传统线下商超大佬而言，在电子商务的冲击下，成本高、供应链冗长等问题日益凸显，因此纷纷寻求转型。对线上电商巨头来说，随着消费升级，消费者对体验式消费需求更加多元化，线上无法保障体验和优质服务等缺陷在新消费时代成为电商的弱点，因此也需有线下实体店的支持。

图 1-10　盒马鲜生　　　　　　　图 1-11　小米之家旗舰店

新零售这个新生商业模式，带来了更多想象空间，为用户提供了更多样化、更高端的消费选择。未来十年是商业模式大变革的十年，也是营销方式大变革的十年。前所未有的变化，给我们带来了巨大的挑战，也带来了巨大的机遇，看看谁能更好地把握。

1.3.2　现代市场营销意识

通过学习市场营销观念的演变过程，明确了现代市场营销观念的重要性。如果没有正确的营销观念做指导，企业的市场行为就会出现偏差；如果市场营销人员不具备现代市场营销观念，则市场营销活动的各个环节都可能出现问题。现代市场营销观念要求企业的每一位员工都树立以消费者为中心的市场营销意识。

1. 质量意识

质量是产品的生命，是市场营销活动成功与否的前提。如果产品质量不合格，无论如何宣传、如何促销，即使提供的服务再好、再周到，顾客也不会购买，因为产品不能满足其最根本的需要。而企业如果想通过欺骗性手段来销售不合格产品，一旦顾客发现真实情况后，企业所面临的不仅是消费纠纷，还会对产品形象、企业形象造成极大的破坏。海尔有句名言："1%的产品事故，对购买到这 1%不合格产品的顾客而言就是 100%"。企业的上上下下都应该树立质量意识，奉行零缺陷制度，真正把消费者视为"上帝"，隐瞒、欺骗等短期行为是不可能创造名牌的。

"劳斯莱斯"是世界上公认的最优良的汽车，不仅是财富的象征，更是社会地位的标志。每一部"劳斯莱斯"都是经过精雕细刻的艺术品，出厂前必须经过 5 000mile（1mile=1 609.344m）路程的测试，调试、试车要经过 14 天时间，而一般的车下了生产线，开出厂门就可以交货，即使"凯迪拉克"这样的高级车，测试也只花 4 小时的时间。如今的"劳斯莱斯"，无论哪一种车型，以 100 km/h 的速度行驶，放在水箱上的银币可以长时间不被震落下来，坐在车里听不到发动机的声音，只听见车内钟表轻微的移动声。

2. 服务意识

产品竞争在很多行业已达到白热化程度，比性能、比价格、比宣传、更比服务。以前商家与顾客是买卖关系，现在却是服务关系，比谁的服务态度好，比谁为消费者想得更周到。每个企业都想拥有一批忠诚的客户，都想扩大市场占有率，但仅仅依靠较好的产品质量和合理的价格是不够的。如果能为消费者提供优质、全面的服务，不仅能够培养客户的忠诚度，还能在一定程度上摆脱残酷的价格竞争。

"沃尔玛"是世界上最大的商业零售企业，虽然从 1991 年才开始进入国际市场，但短短的 20 多年间，就在世界各地建立了 3 000 多家商店，其巨大成就不仅源于公司拥有现代化的配送中心和卫星信息管理系统，更源于其出色的服务理念。以深圳"沃尔玛"购物广场为例，17 000m^2 的卖场分区合理、干净整洁，商品品种丰富、价格便宜，出口有 20 多个通道，很少有排长队的现象。在商店醒目的位置都张贴着"沃尔玛"的格言和口号："我们的目标是超过您对我们的期望"；"保证让您 100%满意"。他们的顾客服务原则是："第一条，顾客永远是对的；第二条，如有疑问，请参照第一条"。"沃尔玛"的口号绝不是只喊不做，每一位员工都兢兢业业，只要顾客需要帮助，服务员就会马上出现在面前。在"沃尔玛"的收银台上除了有让顾客随意领取的宣传品外，还有一本小册子，名为《致总裁先生的信》，是专为顾客提意见和建议而设计的，上面有总裁的签名。

3. 品牌意识

品牌是一种知名度、美誉度和忠诚度，是一种积累的资产，并且年复一年，持之以恒，坚持自己的定位，信守对消费者所做的承诺，使得品牌形象深入人心，历久不堕。创建名牌是每个企业的梦想，任何一个名牌都不是在短时间内能够塑造的，需要长时间得到广泛的认可甚至尊重。大家熟悉的"丰田""可口可乐""宝洁"等国际名牌都有几十年乃至上百年的历史，即使像"海尔"这样的中国家电第一品牌也是用了 30 多年的时间才创建的。在本章开头的案例中，如果微软公司在创业之初不采纳罗兰德·汉森的意见而使用"多用工具"的品牌向市场推广，也许微软公司的发展就不会这么快，这也反映了比尔·盖茨的品牌意识。比尔·盖茨在听完罗兰德·汉森的意见后，立即意识到品牌的重要性，因此宣布：今后微软公司的所有产品都使用"微软"标志。

有些品牌可能在短期内家喻户晓、人人皆知，如"三株口服液"，但也只是昙花一现。创建名牌的过程艰难而漫长，而一旦成为名牌之后，企业的市场营销活动就会容易得多。是否属于名牌，评价依据有两个：知名度和美誉度。名牌产品必须是在某一领域具有很高的知名度，而且拥有良好的美誉度，即知道这个品牌的消费者人数众多，并对该品牌有很高的评价。像"格力""奔驰""丰田""可口可乐"等品牌，都属于世界名牌。

4. 竞争意识

现在的市场是买方市场，对任何一家企业而言，竞争都是不可避免的，暂时拥有的优势，如果一旦松懈，优势可能转眼就会失去。像"微软""英特尔"这样的超级公司，也不能松懈，因为对手很可能不知不觉地就会给你致命一击，等你发觉时，为时已晚。

从"瘦肉精"危机看品牌的价值

2011年3月31日，处在"瘦肉精"危机中的中国双汇集团在河南漯河召开 "万人职工

图1-12　双汇瘦肉精事件

大会"（见图1-12）。在大会上，集团董事长万隆再次向消费者致歉，他承认"瘦肉精"事件对双汇影响巨大。双汇因"瘦肉精"事件直接损失超过121亿元，间接损失难以估算。

双汇一直以极其小心、严肃的态度，回应"会不会成为第二个三鹿"的问题，其情其景，颇有点像某些老年人忌讳不吉利话语那样，生怕被"乌鸦嘴"一语说中，对于双汇来说，消失了的"三鹿"就是一个不能重蹈覆辙的噩梦。为此，他们以异乎寻常的努力，在拼命拉住一辆坠往悬崖的马车——从3月15日中央电视台曝光起，直到3月31日双汇召开"万人职工大会"……

应该承认，从事情发生开始，双汇集团在危机处理上的态度是严肃而认真的，也采取了一些有效的措施和手段，试图尽快将自己从危机状态中解脱出来，但并没有实质性地扼制住销量下滑、经销商倒向竞争对手的局面。有好事者甚至计算出，从3月15日到4月1日，双汇集团以日损7亿元的速度，在吞咽着一大杯苦不堪言的酒。这可以说是直观看得见的品牌的价格。

古人常说：兴家犹如针挑土，败家犹如水推砂。对于企业的名声和美誉度，何尝不是如此啊？一家企业靠千千万万人多年不懈的努力打造出的品牌，很可能被一件偶发事件砸得粉碎。一颗老鼠屎搅坏一大锅汤的悲剧，从古到今不知上演了多少次！

世界很吊诡。一个商业帝国必然有没落的一日，问题是在什么时候，触发它的是什么原因。

思考题：对于这家企业的发展经历，你有没有什么独特的见解呢？

本章小结

市场营销是指企业在适当的时机和地点，以适当的方式将适当的产品提供给适当的顾客。市场营销是从企业的角度出发来研究市场、研究消费者，是企业为了将产品销售出去而赚取利润所进行的一系列活动。市场营销是在销售的基础上发展而成的，但销售只是市场营销所有活动中的一个方面。

市场营销旨在研究如何顺利地实现交换，而交换能否进行取决于买卖双方是否都有交换意愿并且都认为值得交换。对于买方而言，是想获得卖方的产品以满足自身的需要；而对于卖方来讲，是想通过向买方出售商品而获取利润。要研究市场营销，就必须深刻理解市场营销中需要、产品、价值和交换的含义，掌握这几个概念在市场营销中的重要性。

市场营销观念是企业进行各种市场行为的指导思想。时代的不同，环境的变化，使市场营销观念经历了以下不同的发展过程：①生产观念；②产品观念；③推销观念；④网络营销观念；⑤新零售营销观念。

前三种观念被称为传统营销观念，后两种被称为现代国际营销观念。传统与现代是相对而言的，特别是全球网络营销的不断发展，有的人把网络营销观念以前的所有观念都称为传

统营销观念，因为网络营销的方式、手段都与以前有很大的不同。

现代市场营销观念要求企业全体员工都具有现代市场营销意识，包括质量意识、服务意识、品牌意识和竞争意识。意识决定态度，态度决定工作成果。

习题 1

一、填空题

1. "某个产品有没有市场，市场是大还是小"，这里的市场是指＿＿＿＿＿＿＿＿＿＿＿＿。

2. 传统营销观念包括＿＿＿＿观念、＿＿＿＿观念和＿＿＿＿观念。

3. 根据购买者的不同，市场分为个人消费者市场和＿＿＿＿市场。

4. 根据消费者需求的表现，市场分为现实市场和＿＿＿＿市场。

5. 市场营销的最终目的是＿＿＿＿＿＿＿＿＿＿＿＿＿＿＿＿＿＿＿。

6. 市场营销观念的第二次革命，是＿＿＿＿＿＿＿＿＿＿＿＿＿＿＿＿＿＿观念的产生。

7. 新零售营销观念强调＿＿＿＿＿＿＿＿和＿＿＿＿＿＿＿＿相结合的营销方式。

二、单项选择题

1. 市场营销学开始进入我国的时间是（　　）。

    A. 1949 年　　　　　　B. 1976 年　　　　　　C. 1978 年　　　　　　D. 1982 年

2. 把消费者利益、社会利益和企业利益结合起来的经销观念是（　　）。

    A. 社会营销观念　　　　　　　　　　B. 推销观念

    C. 市场营销预售　　　　　　　　　　D. 生态营销观念

3. 市场营销学属于（　　）的范畴。

    A. 经济学　　　　　　B. 管理学　　　　　　C. 社会学　　　　　　D. 心理学

4. 市场营销概念中，（　　）两个因素成为市场营销组合的重要内容。

    A. 权力与公共关系　　　　　　　　　B. 公共关系和社会环境

    C. 权利与控制　　　　　　　　　　　D. 政府与行业协会

5. 市场营销的核心概念主要有（　　）。

    A. 需求　　　　　　B. 交换　　　　　　C. 产品　　　　　　D. 以上所有

6. 顾客导向是现代市场营销的基本概念，其主要内容包括（　　）。

    A. 满足现实需求　　　　　　　　　　B. 引导需求

    C. 激发和拓展需求　　　　　　　　　D. 以上所有

7. 推销观念产生于（　　）。

    A. 卖方市场　　　　　　　　　　　　B. 买方市场向卖方市场过渡

    C. 卖方市场向买方市场过渡　　　　　D. 买方市场

8. 交换能否真正发生，取决于（　　）。

    A. 在交换中，买卖双方谁更主动、积极地寻找交换

    B. 双方能否找到交换条件

    C. 买者的需求是否得到满足

    D. 卖者是否能取得利润

9. 在我国，把市场营销学理论与企业的市场营销实践结合起来进行研究是在（ 　　）阶段。

　　A. 扩展阶段　　　　　　　　　　B. 引进阶段

　　C. 传播阶段　　　　　　　　　　D. 应用阶段

10. 产生于买方市场条件下的营销观念有（ 　　）。

　　A. 市场营销观念　　B. 生产观念　　C. 推销观念　　　　D. 产品观念

11. 市场营销学的特点有（ 　　）。

　　A. 边缘性　　　　　　　　　　　B. 应用性

　　C. 综合性　　　　　　　　　　　D. 以上所有

12. （ 　　）出现于20世纪80年代，我国则是在加入WTO（世界贸易组织）后出现这一观念的。

　　A. 大市场营销观念　　　　　　　B. 网络营销观念

　　C. 产品营销观念　　　　　　　　D. 以上所有

13. （ 　　）的商业模式是，线上线下结合，双向流量，消费者可以为了某些体验去实体店，也可以通过App将实体店的商品配送到家。

　　A. 新零售　　　　　　　　　　　B. 生产观念

　　C. 产品观念　　　　　　　　　　D. 推销观念

三、判断题（正确的画"√"，错误的画"×"）

1. 从市场营销的角度看，市场就是消费者的需求。（ 　　）

2. 随着电子商务的迅速发展，网络营销必将全面取代传统的营销模式。（ 　　）

3. 企业既要重视消费者的现实需要，更要重视其潜在需要。（ 　　）

4. 营销就是推销，就是想办法将产品销售出去。（ 　　）

5. 市场营销是指企业在适当的时机和地点，以适当的方式将适当的产品提供给适当的顾客。（ 　　）

6. 现代市场营销观念要求企业的基层员工树立以消费者为中心的市场营销意识。（ 　　）

7. 网络市场营销观念的出现被称为营销观念的一次革命，是一种成熟的现代营销观念。（ 　　）

8. 网络营销的方式、手段都与传统营销有很大的不同。（ 　　）

9. 未来十年是商业模式大变革的十年，也是营销方式大变革的十年。（ 　　）

10. 新零售是新生商业模式，带来了更多的想象空间，提供了更多样化、更高端的消费选择。（ 　　）

案例分析 1

百年品牌的灭亡

柯达曾经伴随着一代人的成长，留下了一代人美好的回忆。柯达胶卷"分享此刻、分享生活"的广告词更是给人传递了温暖和感动。

曾经黄黑相间的柯达冲印店标志牌遍布中国。在1998年，柯达收购了除乐凯之外的中国国内感光材料行业的所有企业。在2003年，柯达与乐凯胶卷达成合作协议，从而占据了感光材料50%以上的市场份额。柯达是名副其实的中国国内感光胶圈品牌的老大。

在人们使用胶卷拍照的时代，柯达占据了全球2/3的感光胶卷市场份额，基本上占据了全球摄影器材的供应，是整个摄影时代的代名词。在柯达的全盛时期，柯达在全球拥有15万名员工，和今天的谷歌实力相当。

现在，柯达已经消失在了我们的生活中。

在这个数码相机流行的年代，柯达由于没能及时创新，导致自己不可避免地走向了衰落。在2012年，柯达在纽约申请了破产保护。这意味着那个曾经活跃了 130 多年的品牌，如今已经龙困浅滩，虎落平阳。

曾经有着 130 多年辉煌历史的柯达，是被谁打败了呢？它没有对手，它是被自己打败了，被自己不做创新，不思进取，不问时代技术变革的骄傲之心打败了。

更有趣的是，数码相机是柯达的"亲生儿子"。

在 1975 年，柯达发明了数码相机，但是由于技术不够成熟，数码相机成像质量差，像素极低，难以大范围推广和使用。再加上当时的计算机和互联网还未普及，数码相机的实用性极低。很快，柯达放弃了还在襁褓中的数码相机，继续集中科研精力放在传统感光材料的研发上。

一直想着转型，但迟迟没能做出动作。到了互联网时代，一日千里的更新速度将柯达远远甩在了后面。没有创新意识，没能够掌握品类的兴亡，即使是已经有着百年历史的品牌，也难以逃脱衰落的命运。

实训 1

课堂训练：演讲

主　　题：如果我要购买手机

课　　时：2 学时

地　　点：教室

过程设计：假设你要购买手机，你会选择哪个品牌？根据学生的个人喜爱并按照手机品牌大致归类、分组，然后各组推选代表上台演讲，阐述理由，最后由授课教师进行点评和颁发奖品。

目　　的：引导学生树立正确的营销观念，培养学生的团队精神和合作意识，激发学生的学习兴趣和参与意识，提高其语言组织及表达能力，帮助学生克服性格障碍，并锻炼学生的沟通能力。

考核指标：① 语言表达的准确性、条理性和感染力。

②　动作、表情是否自然、大方。

③　论据是否充分、准确。

④　相关物品是否准备齐全（宣传资料、样品等）。

建　　议：① 授课教师可根据学生的具体情况调整考核指标。

②　可设置多种奖项，如最佳演说奖、最佳着装奖、最佳团队奖等。

③　可由学生担任主持人。

④　本次竞赛成绩计入学期总成绩。

实战演习：手机市场调查

调查目的：① 通过对消费者购买手机所做的选择进行调查，了解消费者的消费特点和趋势，以此检验手机生产厂商的市场营销策略是否得当。

②　通过开展实际调查活动，锻炼学生的各种实践能力。

实施方案：① 先将学生分为 2～3 组，各组目标、任务完全相同，目的是相互竞争。

②　各组按所在城市严格划分片区，避免区域冲突。

③　各组内部自己分工，包括谁任组长，谁策划调查方案，哪些人实施调查，谁最后撰写调查意见书等。

第 2 章　市场营销环境

知识要点

❖ 市场营销环境的含义。

❖ 市场营销环境与企业营销的关系。

❖ 宏观市场和微观市场营销环境分析。

❖ 消费者需求分析。

能力要点

❖ 认识市场营销环境与企业营销的关系，培养学生适应环境的能力。

❖ 能结合实际分析环境变化对营销的影响，具有一定的实战能力。

引例 2

没有成功的企业　只有时代的企业

在 2019 年 6 月份公布的中国 500 最具价值品牌中，海尔以高达 3 502.78 万元的品牌价值位列第三，得到了业界很大的关注。一提起海尔，大多数人都会想起海尔兄弟，两个穿着裤衩的小男孩的印象更是深入人心。众所周知，海尔是全球大型家电品牌，旗下更是有冰箱、洗衣机、空调等多种智能家电产品。然而，1984 年海尔创立之初，仅仅是个小小的电冰箱厂，但从张瑞敏接手海尔开始发展到如今，已经从传统制造家电产品转型为面向全社会孵化创客的平台。

张瑞敏说过一句非常经典的话：没有成功的企业，只有时代的企业。所谓成功，只不过是踏上了时代的节拍。也正是在这个理念的影响下，海尔集团前后经历了五次战略改变，每一次的转型，都是海尔发展强劲的助力。就像业界对于张瑞敏的评价一样，他对于企业的经营拥有着自己独特的模式与观点，在他带领下的海尔，只有创新没有守业，一直都在进取。

1984 年 12 月，张瑞敏就制定了海尔的第一个发展战略：名牌战略。张瑞敏认为，要么不干，要做就要做第一，要为消费者提供最好的产品。所以当有消费者反映购买的产品有质量问题时，张瑞敏立即彻查仓库，将检查出有问题的 76 台冰箱直接砸毁，给了海尔员工很大的震撼。但正是他处理问题产品的魄力，以及对于产品严格的要求，才让后来海尔凭借自身产品质量收获众多消费者，获得多项荣誉。

1991 年 12 月，张瑞敏正式成立海尔集团，担任集团总裁，并宣布了海尔的第二个发展战略：多元化战略。张瑞敏实施多元化战略的目的其实很清楚，海尔兼顾了洗衣机、电视机、冰箱、空调等一系列产品，不仅是为了开发更多的领域，也是为了通过进入到各个领域为用户提供更加全面的产品服务，更是将产品的知名度推上更高一层。2001 年 12 月，中国加入世贸组织，中国市场越来越开放。张瑞敏立马抓住这次机遇，提出了海尔的第三个发展战略：国际化战略。并在外界非常不看好的时候，在国外建立海尔工厂，面对质疑声，张瑞敏始终坚持自己，带领海尔走向国际化。张瑞敏这项战略的实施，更是为后来海尔的发展奠定了扎实的海外基础。2005 年前后，互联网飞速发展，海尔在这个大背景之下，提出了"人单合一"的管理模式，这个模式引导海尔在全球建立开放的生态平台，构建生态服务系统，将品牌推向全球化的道路。到了 2012 年，张瑞敏制定了第五个发展战略：网络化战略。对于这次的转型，张瑞敏表示，互联网时代企业转型，并不是传统模式被颠覆了，而是为了更好地适应时代发展，满足消费者不同的需求。这次转型更像是一种对于时代变迁的回应。2016 年 11 月，张瑞敏对海尔在互联网时代的发展表达了独特的见解，他在主题为"互联网时代海尔的转型探索与实践"的演讲上，为大众详细阐述了大型企业向互联网企业转型的实践与体会。

纵观这么多年海尔的发展，若要说发展过程中海尔有哪点是没有改变的，那应该就是一直在改变这点。张瑞敏确实是一直把创新作为海尔企业文化发展的重心，紧跟时代的步伐，抓住用户的需求，就像每一个成功企业一样，牢牢地把握住了时代发展的机遇。

如图 2-1 所示为海尔智能家居系统。

图 2-1　海尔智能家居系统

2.1　市场营销环境概述

任何企业不可能离开环境而存在，它总是在一定的外界环境条件下开展市场营销活动的，而这些外界环境条件是不断变化的，它既给企业带来了新的市场机会，又给企业造成某种威胁。因此，市场营销环境的动态变化直接影响企业的营销活动，市场营销环境对企业的生存和发展具有重要意义，正如上述案例中张瑞敏所说"没有成功的企业，只有时代的企业"。

2.1.1　市场营销环境的含义

什么是市场营销环境？市场营销环境是指与企业市场营销活动有关的所有外部力量和相关因素的集合，它是影响企业生存和发展的各种外部条件。

图 2-2 杰罗姆·麦卡锡（Jerome McCarthy）

美国营销学家杰罗姆·麦卡锡（见图 2-2）说得好："你的产品可能是世界上最好的，但是如果它不是在顾客需要它们的地方出现，那么它们就一钱不值了！"这说明了一个道理，企业从事营销活动必须辩证地分析营销环境对营销活动的影响，注意"投其所好，避其所恶"；把握营销环境发展变化的趋势，审时度势，趋利避害，这是企业经营成败的关键。

一般来说，市场营销环境主要包括两方面的构成要素：一是宏观环境要素，即影响企业营销活动的社会性力量与因素，包括人口、经济、政治和法律、技术、社会文化及自然等多方面的因素；二是微观环境要素，即指与企业紧密相连，直接影响其营销能力的各种参与者，包括企业的供应商、营销中介人、顾客、竞争者、公众和影响营销管理决策的企业内部的各个部门，如图 2-3 所示。

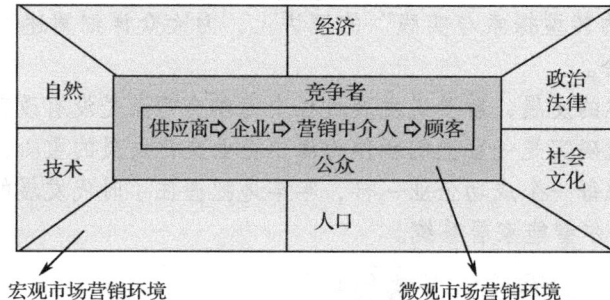

图 2-3 市场营销环境

2.1.2 市场营销环境与企业市场营销

企业的市场营销环境，就是企业的生存环境。现代营销理论认为，企业经营成败的关键，就在于企业能否适应不断变化的市场营销环境。由于生产力水平的不断提高和科学技术的进步，当代企业外部环境的变化速度远远超过企业内部因素变化的速度。因此，企业的生存和发展，越来越取决于其适应外界环境变化的能力。"适者生存"既是自然界演化的法则，也是企业市场营销活动的法则，如果企业不能很好地适应外界环境的变化，则很可能在竞争中被淘汰。

强调企业对所处环境的反应和适应，并不意味着企业对于环境是无能为力的，只能消极和被动地适应环境，而是应积极主动地、能动地去适应营销环境。也就是说，企业既可以以各种不同的方式增强适应环境的能力，也可以在变化的环境中寻找自己的新机会，并可能在一定的条件下转变环境因素，为企业创造一个更有利的活动空间，使营销活动与营销环境相适应。

美国著名市场学者菲力普·科特勒正是针对这种情况，提出了"大市场营销"理论（6P营销理论）。6P 分别代表产品（Product）、价格（Price）、渠道（Place）、促销（Promotion）、公共关系（Public relationship）、政治权力（Political Power）。他认为，企业要想成功地进入特定的市场并且完成市场交换，必须用经济的、心理的、政治的和公共关系技能，赢得若干参与者的合作。"大市场营销"理论提出企业可以运用能控制的方式或手段，影响造成营销障碍的人或组织，使之改变做法，从而改变营销环境。与 4P 相比，6P 具有时代性。现在讲究的是国际化、全球化。了解政治、经济政策的规定和变动，也是企业在营销中应给予重视的问题。积极与政府配合，了解国家政策，可以根据现状做出较快的决策。良好的公共关系可以为企业营造良好的社会环境，得到社会更广泛的认同和赞誉。这种能动的思想不仅对开展国际市场营销活动有重要的指导作用，对国内市场营销活动也有重要意义。因此，市场营销管理者的任务不仅在于适当安排市场营销组合，使之与外部不断变化的市场营销环境相适应，还要积极主动地、创造性地适应和改变环境，创造或改变目标顾客的需要。只有这样，企业才能发现和抓住市场机会，因势利导，在激烈的市场竞争中立于不败之地。

华为绝地反击，中国居安思危

美国商务部 2019 年 5 月 16 日在毫无实据的情况下，宣布将中国华为公司及其 70 家关联企业列入出口管制"实体名单"，禁止华为从美国企业购买技术或配件。这一极限绞杀行动意在切断华为的命脉，阻遏中国高科技的发展，维护美国的全球科技霸主地位。然而，让华盛顿意想不到的是，华为公司迅速启用花费十余年投入研发的备用方案（见图 2-4），从而确保了华为大部分产品的战略安全与连续供应。面对美国的极限绞杀，华为凭借长期以来居安思危、未雨绸缪的战略远见和奋斗创新精神，打了一个漂亮的绝地反击战！

图 2-4 华为鸿蒙系统

2.2 宏观市场营销环境分析

企业市场营销的宏观环境，涉及人口、经济、政治、法律、自然、技术和社会文化环境等多个方面。宏观环境的发展变化，既会给企业的生存、发展带来有利条件或发展机会，同时也会给企业的生存、发展带来不利因素或造成环境威胁，宏观环境是企业难以控制和改变的。企业必须密切关注宏观环境的发展变化，并注意从战略的角度与之相适应。

2.2.1 人口环境

人是市场的主体，哪里有人，哪里就有衣、食、住、行等各种消费需求，具有购买欲望和支付能力的人越多，市场的规模也就越大。人口环境与市场营销的关系是十分密切的，人口的多少直接决定市场的潜在容量，人口越多，市场规模就越大。而人口的年龄结构、地理分布、婚姻状况、出生率、死亡率、人口密度、人口流动性及其文化教育程度等特征，都会对市场格局产生深刻的影响，并直接影响企业的市场营销活动和企业的经营管理。

1. 人口规模与增长速度

一般来说，人口规模越大，市场规模也就越大，需求结构也就越复杂。

众多的人口及人口的进一步增长，既给企业带来了市场机会，也给企业造成了威胁。首先，人口数量是决定市场规模和潜在需求量的一个基本要素，如果收入水平不变，人口越多，则对食物、衣着、日用品的需求量也越大，那么市场也就越大。因此，按人口数目可大约推算出市场规模，我国人口众多，无疑是一个巨大的市场。其次，人口的迅速增长促进了市场规模的扩大。因为人口数量的增加，其消费需求也会迅速增加，那么市场的潜力也就会增大。

但是，另一方面，人口的迅速增加也会给企业市场营销带来不利的影响。例如，人口数量增加可能导致人均收入下降，限制经济的发展，从而使市场吸引力降低。又如，由于房屋紧张引起房价上涨，从而增大企业的产品成本。

2．人口的自然构成

人口的自然构成，包括人口的性别构成、年龄构成和家庭构成等方面的内容。人口的性别不同，其市场需求也有明显的差异。反映到市场上就会出现男性用品市场和女性用品市场。例如，在我国市场上，男性购买商品更多地注重产品的效用及其属性，容易受理性的支配，表现在购买家具、家用电器等大件物品上；而女性购买商品多受直观感觉、购买环境气氛的影响，强调"美感"，容易受感性的支配，表现在购买女士用品、杂货、衣服等商品上。

不同年龄结构的人群对商品需求存在生理上和心理上的差异，所需的产品和服务也各有特点。例如，儿童喜欢色泽艳丽的玩具和服装；青少年需要智力型学习用品及流行性商品；中、青年的服饰或其他商品讲求实用、大方；而老年人则需要更多的营养保健食品和方便、舒适的生活用品等。

3．人口的地理分布

地理分布指人口在不同地区的密集程度。由于自然地理条件及经济发展程度等多方面因素的影响，人口的分布绝不会是均匀的。从我国来看，人口主要集中在东南沿海一带，而且人口密度逐渐由东南向西北递减。另外，城市的人口比较集中，尤其是大城市人口密度很大。在我国，上海、北京、广州、武汉、重庆等多个城市的人口超过 1 000 万人，长三角、珠三角和京津冀地区正在迅速发展成全球最大的城市群，而农村人口则相对分散。

人口的这种地理分布表现在市场上，就是人口的集中程度不同，则市场大小不同；消费习惯不同，则市场需求特点也不同。例如，南方人以大米为主食，北方人以面粉为主食，江、浙、沪等沿海一带的人喜食甜，而川、湘、鄂等省份的人则喜食辣。随着经济的发展，人口的区域流动性也越来越大。在我国，人口的流动主要表现在农村人口向城市流动；内地人口向沿海经济开放地区流动。对于人口流入较多的地方而言，一方面，由于劳动力增多，从而加剧就业竞争；另一方面，人口增多使当地的基本需求量增加，消费结构也会发生一定的变化，继而给当地企业带来较多的市场份额和营销机会。

2.2.2　经济环境

经济环境对企业市场营销活动有着更为直接的影响，是企业开展市场营销活动的基础。市场营销人员研究的经济环境主要包括以下三个方面。

1．消费者收入

消费者收入是指消费者个人从各种来源中所取得的全部收入，包括消费者个人的工资、退休金、红利、租金、赠与等收入。消费者的购买力来自消费者的收入，消费者用来购买商品和服务的费用只是其收入的一部分。因此研究收入时，还要注意下面几个重要概念。

（1）个人可支配收入。这是在个人收入减去直接负担的各种税款（如个人所得税等）和非税性负担（如工会费、交通罚款）之后所得的余额，它是个人收入中可以用于消费支出或储蓄的部分，它构成了实际的购买力。

（2）个人可任意支配收入。这是在个人可支配收入中减去用于维持个人与家庭生存不可缺少的费用（如房租、水电、食物等项开支）后剩余的部分。这部分收入是消费需求变化中最活跃的因素，也是企业开展营销活动时所要考虑的主要对象。因为这部分收入可任意支配，一般用于购买高档、耐用的消费品或用于旅游、储蓄等，它是影响非生活必需品和服务销售的主要因素。

（3）家庭收入。很多产品是以家庭为基本消费单位的，如小汽车、空调等，因此家庭收入的高低会影响产品的市场需求。一般来讲，高收入家庭，对消费品的需求量大，购买力也大；反之，需求量小，购买力也小。

2．消费者支出模式和消费结构

随着消费者收入的变化，消费者支出模式会发生相应的变化，继而使一个国家或地区的消费结构也发生变化。西方一些经济学家常用恩格尔系数来反映这种变化。消费中用于食品方面的支出占家庭总支出的比重称为恩格尔系数。恩格尔系数表明，在一定的条件下，食物开支占总消费量的比重越大，恩格尔系数越大，生活水平越低；反之，食物开支所占比重越小，恩格尔系数越小，生活水平越高。

恩格尔系数是衡量一个国家、地区、城市家庭生活水平高低的重要参数。我国的居民家庭恩格尔系数正逐年下降。2016 年，我国城镇居民家庭恩格尔系数为 29.3%，农村居民家庭恩格尔系数为 32.2%，中西部地区和低收入家庭这一系数更高些。根据联合国粮农组织提出的标准，恩格尔系数在 60% 以上为"贫困"，50%～59% 为"温饱"，40%～49% 为"小康"，30%～39% 为"富裕"，低于 30% 为"最富裕"，如图 2-5 所示。恩格尔系数下降说明我国居民消费结构发生了显著变化，生活质量显著提高。

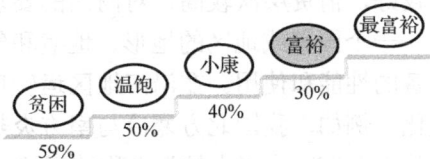

图 2-5　恩格尔系数标准

消费结构指消费过程中人们所消耗的各种消费资料（包括劳务）的构成，即各种消费支出占总支出的比例关系。优化的消费结构是优化的产业结构和产品结构的客观依据，也是企业开展市场营销活动的基本立足点。自改革开放以来，我国人民的消费结构发生了很大变化，主要表现为：

（1）恩格尔系数显著下降。

（2）衣着消费比重降低，降幅在 20% 甚至 30% 以上。

（3）住宅消费支出比重增大。

（4）服务消费支出比重增大。

（5）消费支出占国内生产总值和国民收入的比重增大。

而从我国的情况看，消费结构还不太合理，个人在住房、医疗、子女教育等方面的投入增多，加大了个人支出比例，从而决定了我国居民的支出模式以生活必需品为主。

议一议：

　　调查家中的收入和支出情况，然后算一算你家的恩格尔系数，请说出来和大家一起分享吧！

3．消费者的储蓄和信贷情况

消费者的购买力还受储蓄和信贷的直接影响。消费者个人收入不可能全部花掉，总有一部分以各种形式储蓄起来，这是一种推迟的、潜在的购买力。消费者储蓄一般有两种形式：一种是银行存款，增加现有的银行存款额；另一种是购买有价证券。当收入一定时，储蓄越多，现实消费量就越小，但潜在消费量越大；反之，储蓄越少，现实消费量就越大，但潜在消费量越小。

我国居民有勤俭持家的传统，长期以来养成了储蓄的习惯。近年来，我国居民储蓄额和储蓄增长率均较大。据调查，居民储蓄的目的主要用于子女教育和医疗费。但从发展趋势来看，用于购买住房和汽车的比重将逐步增加。企业若能调动消费者的潜在需求，就可开发新的目标市场。

消费者信贷对购买力的影响也很大。所谓消费者信贷，就是消费者凭信用先取得商品使用权，然后按期归还贷款，以购买商品。这实际上是一种提前消费。西方国家盛行的消费信贷主要有短期赊销、购买住宅和昂贵的消费品分期付款、信用卡信贷等几类。

2.2.3 自然环境

自然环境会对企业市场营销工作产生很大的影响。由于各地区气候条件、资源状况、地势特点，以及各地区的经济发展状况和社会文化背景等不同，使得他们在经营方式和经营需求方面存在很大差别。我国国土幅员辽阔，东、西、南、北各地区的地理环境差异很大，西北地区人员稀少；东北地区土地肥沃，但气候寒冷；沿海地区、内地经济发达地区的经济条件较好，消费层次较高，对商品的要求也较高，是高档商品的主要销售地区。

一个国家或地区的地形、地貌和气候，对市场营销活动有一系列的影响，会影响产品和设备的性能和使用。在沿海地区运转良好的设备到了内陆沙漠地区就有可能发生性能的急剧变化。例如，我国北方寒冷与南方炎热的气候，都要求产品具有不同的环境适应性。这就是为什么在有三大"火炉"之称的武汉、重庆、南京的夏天，降温产品（冷饮、电风扇、空调、电冰箱）特别畅销的原因所在。

一个地区的自然资源状况往往是吸引外地企业前来投资建厂的重要因素。此外，自然环境对企业市场营销活动的影响还表现在以下两个方面。

（1）自然资源短缺的影响。随着工业的发展，自然资源逐渐短缺。例如，我国资源从总体上看是丰富的，但从人均占有量来看又是短缺的。近几年，资源紧张使得一些企业陷入困境，但又促使企业寻找替代品，降低原材料消耗。

（2）环境的污染与保护。环境污染已成为举世瞩目的问题。我国虽属发展中国家，但工业"三废"（废渣、废水、废气）对环境造成了严重污染，其中煤烟型污染最为突出。对此，世界各国都采取了一系列措施，对环境污染问题进行控制。

2.2.4 政治、法律环境

在任何社会制度下，企业的市场营销活动都必然受到政治与法律环境的限制和约束。政治环境主要是指国家的政治形势、政局（社会的安全性、稳定性）和政策等。政治形势对消费需求和实现购买欲望具有客观的调节作用，对市场状况和企业状况有着决定性的影响，每一个企业都要关心国家大事，善于分析发展变化趋势及对企业市场营销活动产生的影响。国家实行的许多政策，如国有企业改革政策、投资政策、信贷政策等，都会影响企业的市场营销活动。

法律环境是指与市场营销活动有关的法规、条例、标准和法令等。国家的大政方针总是体现在一些具体政策和法令上，如《专利法》《商标法》《广告法》《反暴利法》《反不正当竞争法》《消费者权益保护法》等法律，是保障经济协调、稳定发展和维护社会整体利益的有效手段，只有了解与熟悉法规和政策，才能充分运用这些政策和法规。

2.2.5　技术环境

进入 21 世纪以来，科学技术的发展，使得产品更新换代的速度加快，产品的市场寿命缩短。今天，科学技术突飞猛进，新原理、新工艺、新材料等不断涌现，使得刚刚炙手可热的技术和产品转瞬间成了"明日黄花"。这种情况，要求企业不断地进行技术革新，赶上技术进步的浪潮。否则，企业的产品跟不上更新换代的步伐，跟不上技术发展和消费需求的变化，就会被市场无情地淘汰。

科学技术的进步，将会使人们的生活方式、消费模式和消费需求结构发生深刻的变化。科学技术是一种"创造性的毁灭力量"。它本身创造出新的东西，同时又淘汰旧的东西。一种新技术的应用，必然导致新的产业部门和新的市场出现，使消费对象的品种不断增加，范围不断扩大，消费结构也随之发生变化。现代信息网络技术的发展，电子商务的出现和进步，网络用户的增加、网上购物消费习惯的养成、网络交易安全及诚信系统的完善及电子商务企业物流体系的加强，电子商务等虚拟零售渠道越来越受到消费者的欢迎，这对零售商业结构和购物习惯产生了重大影响。

2.2.6　社会文化环境

社会文化是指一个社会的民族特征、价值观念、生活方式、风俗习惯、伦理道德、教育水平、语言文字、社会结构等的总和。社会文化因素通过影响消费者的思想和行为来影响企业的市场营销活动。因此，企业在从事市场营销活动时，应重视对社会文化的调查研究，并做出适宜的营销决策。社会文化所包含的内容很多，下面仅就与企业营销关系较为密切的社会文化因素进行讨论。

1. 宗教信仰

不同的宗教信仰有不同的文化倾向和戒律，从而影响人们认识事物的方式、价值观念和行为准则，影响人们的消费行为。特别是在一些信奉宗教的国家和地区，宗教信仰对市场营销的影响力更大。据统计，全世界信奉基督教的教徒有 10 亿多人，信奉伊斯兰教的教徒有 8 亿人，印度教徒有 6 亿人，佛教徒有 28 亿人，泛灵论者有 3 亿人。这些信仰和禁忌限制了教徒的消费行为，某些国家和地区的宗教组织在教徒的购买决策中有重大的影响。一种新产品出现后，宗教组织有时会提出限制和禁止使用，认为该商品与该宗教信仰相冲突；相反，有的新产品出现后，得到宗教组织的赞同和支持，它就会号召教徒购买、使用，起到一种特殊的推广作用。因此，企业应充分了解不同地区、不同民族、不同消费者的宗教信仰，提供适合其要求的产品，制定适合其特点的市场营销策略。中东地区国家的大部分居民信奉伊斯兰教；欧美国家的居民大部分信奉天主教和基督教；东方许多国家的居民信奉佛教等。例如，2004 年我国出口某阿拉伯国家的塑料鞋，遭到当地政府出动大批军警查禁、销毁，原因就是鞋底花纹酷似当地文字"真主"一词。我们要重视不同的宗教信仰与禁忌，有针对性地开展市场营销活动。

2. 风俗习惯

风俗习惯是人们根据自己的生活内容、生活方式和自然环境，在一定的社会物质生产条件下长期形成，并世代相袭而成的一种风尚。它在饮食、服饰、居住、婚丧、信仰、节日、人际关系等方面，都表现出独特的心理特征、伦理道德和生活习惯。不同的国家、不同的民族有不同的风俗习惯，它对消费者的消费嗜好、消费方式、消费行为等具有重要的影响。我们只有充分了解他们的民俗文化，才能使自己的商品打开销路。中国人过春节时，喜气洋洋，家家户户要贴对联、贴窗花，预示来年吉祥。大千世界，风俗各异，消费者对商品多样化、差异化的要求，使企业在做决策时必须考虑民族、民俗、民情的差别，否则会导致营销失败。

不同的国家和民族对图案、颜色、数字、动植物等也有不同的喜好和使用习惯。像中东地区严禁带六角形的包装；英国忌用大象、山羊作商品装饰图案；再如中国、日本、美国等国家对熊猫特别喜爱，但一些阿拉伯人却对熊猫很反感；墨西哥人视黄花为死亡，视红花为晦气，而认为白花可驱邪；德国人忌用核桃，认为核桃是不祥之物；匈牙利人忌单数"13"；日本人忌荷花、梅花图案，也忌用绿色，认为不吉祥；南亚地区有一些国家忌用狗作商标；法国人还特别厌恶墨绿色，这是基于对第二次世界大战的痛苦回忆；新加坡的华人很多，所以对红、绿、蓝色都比较喜欢，但视黑色为不吉利，在商品上不能用如来佛的形态，禁止使用宗教语言；伊拉克人视绿色代表伊斯兰教，但视蓝色为不吉利；日本人在数字上忌用"4"和"9"，因在日语发音中"4"同死相近，"9"同苦相近；中国香港、台湾地区的商人忌送茉莉花和梅花，因为"茉莉"与"末利"同音，"梅花"与"霉花"同音。

3. 价值观念

价值观念是指人们对社会生活中各种事物的态度、评价和看法。在不同的文化背景下，人们的价值观念有很大的差别，而消费者对商品的需求和购买行为深受其价值观念的影响。例如，中国消费者一贯崇尚节约，在购买商品时慎重选择；喜欢储蓄，绝大部分消费者不习惯超前消费。而西方国家的人更习惯于"超前享受"，并热衷旅游等，所以各种商品的消费贷款非常普遍。因此，对不同价值观念的消费者，就要使用不同的市场营销策略。

2.3   微观市场营销环境分析

企业市场营销活动的成败，不但取决于能否适应宏观环境的变化，还取决于能否适应和影响微观环境的变化，能否与微观环境的各方面保持协调关系。企业的微观市场营销环境主要由企业内部环境、供应商、营销中介人、顾客、竞争者及公众组成。其中，顾客与竞争者居于核心的地位，因此，本部分将重点对顾客与竞争者进行分析。

2.3.1   企业内部环境

企业的内部环境条件涉及人员条件、技术条件、生产条件、资源条件、管理条件、企业文化等。这些内部环境条件共同决定着企业综合素质的状况，市场营销工作的成败从根本上来说最终将取决于企业的综合素质和整体工作状况。

面临相同的外部环境，不同的企业市场营销活动所取得的效果往往并不一样，这是因为它们有着不同的内部环境要素。在内部各环境要素中，人员是企业市场营销策略的确定者与执行者，是企业最重要的资源；企业管理水平的高低、规章制度是否完善决定着企业市场营销活动的工作效率；资金状况与厂房设备等条件是企业进行一切市场营销活动的物质基础，这些物质条件的状况决定了企业市场营销活动的规模。

2.3.2 供应商

供应商是影响企业市场营销活动微观环境的重要因素之一。供应商是指向企业及其竞争者提供生产产品和服务所需资源的企业或个人。供应商所提供的资源主要包括原材料、设备、能源、服务、资金等。如果没有这些资源作为保障，企业根本无法正常运转，也就无所谓提供给市场所需要的商品。因此，社会生产活动的需要，形成了企业与供应商之间的紧密联系。

企业在寻找和选择供应商时，应特别注意以下两点。

（1）企业必须充分考虑供应商的资信状况。要选择那些能够提供品质优良、价格合理的资源，交货及时，有良好信用，在质量和效率方面都信得过的供应商。

（2）企业必须使自己的供应商多样化。企业过分依赖一家或少数几家供应商，受到供应变化影响和打击的可能性比较大。所以，企业要尽可能多地联系供应商，向多个供应商采购，注意尽量避免过于依靠单一的供应商。

2.3.3 营销中介人

营销中介人是指协助企业促销、销售和配销其产品给最终购买者的企业或个人，包括中间商、实体分配机构、营销服务机构和财务中间机构。这些都是市场营销不可缺少的环节，大多数企业的市场营销活动，都必须通过它们的协助才能顺利进行。例如，生产集中与消费分散的矛盾，就必须通过中间商的分销来解决；资金周转不灵，就必须求助于银行或信托投资机构等，正因为有了营销中介人所提供的服务，才使得企业的产品能够顺利地到达目标顾客手中。随着市场经济的发展，社会分工越来越细，这些中介机构的影响和作用也越来越大。因此，企业在市场营销过程中，必须重视中介组织对企业市场营销活动的影响，并要处理好同它们的合作关系。

2.3.4 顾客

这里所说的顾客是指企业决定为之服务的目标市场。一个企业往往将自己的产品销往几种类型的主体市场。企业必须深刻地了解其所服务的目标市场的特点、需求与购买行为，并设法满足市场的需要，以不同的服务方式提供不同的产品。顾客需求是企业生存的源泉。顾客是企业市场营销活动的起点，也是市场营销活动的对象和终点，这是企业最重要的一个环境因素。企业必须紧紧围绕着消费者需求这个中心内容来开展各种市场营销工作，了解顾客为什么会选择或可能选择企业的产品和服务及其购买规律、购买方式和购买用途，顾客的潜在需求，以及对企业产品的意见和建议等，使企业能针对顾客的需要不断地研制新产品，满足顾客新的需求。

2.3.5 竞争者

竞争是商品经济的基本特性，只要存在商品生产和商品交换，就必然存在竞争。所谓竞争者，从广义上来说是指向一个企业所服务的目标市场提供产品的其他企业或个人。企业在目标市场进行市场营销活动的过程中，不可避免地会遇到竞争者或竞争对手的挑战。最为明显的是竞争对手的价格、广告宣传、促销手段的变化，新产品的开发，售前、售后服务的加强等都将直接对企业造成威胁。因而，企业必须密切关注竞争者的任何细微变化，并采取相应的对策。

从满足消费需求或产品替代的角度来看，每个企业在试图为自己的目标市场服务时通常面临下面四种类型的竞争者。

1. 愿望竞争者

愿望竞争者是指向一个企业的目标市场提供种类不同的产品以满足不同需要的其他企业。我们知道，一个消费者在一定时期往往有许多需要满足的愿望，如既想买一台电视机，又想买一台计算机或一辆摩托车，那么提供电视机、计算机、摩托车的各个企业之间就在这一部分市场上形成了竞争关系，互为愿望竞争者。

愿望竞争主要是从行业乃至产业之间的竞争关系来看的，它既不属于生产经营相关产品的企业之间的竞争，也不属于生产经营相同产品的企业之间的竞争。愿望竞争将使购买力的投向在不同行业或不同产业之间发生转移，从而使不同行业或产业的市场规模发生或大或小的变化。

2. 一般竞争者

一般竞争者是指向一个企业的目标市场提供种类不同的产品但可以满足同一种需要的其他企业。例如，一个消费者打算通过某种形式来解决上下班的交通问题，而购买一辆自行车，或是购买一辆小汽车，或是乘公共汽车都可以满足他的这一要求，那么提供自行车、小汽车、公共交通服务的各个企业之间就在这一部分市场上形成了竞争关系，互为一般竞争者。

实际上，这些种类不相同的产品却有着相同或类似的功能，它们在满足某种需要上是可以相互替代的，这些产品就是所谓的相关产品。一般竞争考察的主要是不同行业间生产经营相关产品的企业之间的竞争问题，一般竞争将使购买力的投向在不同行业的生产经营相关产品的企业之间发生转移。

3. 产品形式竞争者

产品形式竞争者是指向一个企业的目标市场提供种类相同，但质量、规格、型号、款式、包装等有所不同的产品的其他企业。由于这些同种但形式不同的产品在对同一种需要的具体满足上存在差异，购买者有所偏好和选择，因此这些产品的生产经营者之间便形成了竞争关系，互为产品形式竞争者。

4. 品牌竞争者

品牌竞争者是指向一个企业的目标市场提供种类相同，产品形式也基本相同，但品牌不同的产品的其他企业。由于主客观原因，购买者往往对同种类、同形式、不同品牌的产品形成不同的认识，具有不同的信念和态度，从而有所偏好和选择，因而这些产品的生产经营者之间便形成了竞争关系，互为品牌竞争者。例如，"可口可乐"与"百事可乐"，"格力"与"海尔"空调器，"肯德基"与"麦当劳"等互为品牌竞争者（见图2-6）。

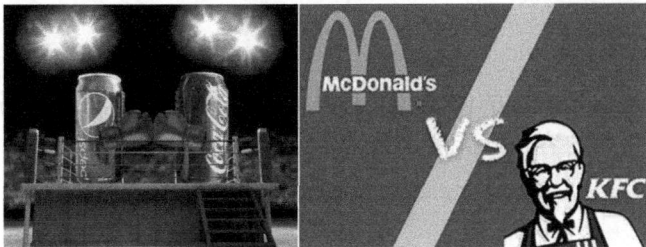

图 2-6　品牌竞争者

后两种竞争是在相同产品之间进行的，属于同行业之间的竞争。这两种竞争，将使同行业内不同企业的市场占有率和市场地位发生变化。市场营销理论中所讲的竞争多是指品牌竞争、产品形式竞争及一般竞争。

2.3.6　公众

公众是指对企业实现其市场营销活动有实际的或潜在的兴趣和影响的任何团体或个人。一个企业的公众主要包括以下几个方面。

（1）金融公众，指关心和影响企业取得资金能力的集团，包括银行、投资公司、证券公司、保险公司等。

（2）媒介公众，指联系企业和外界的大众媒介，包括报纸、杂志、电视台、电台等。

（3）政府公众，指与企业的业务和市场营销活动有直接联系的政府机构和企业的主管部门，如主管有关经济立法及经济政策、产品设计、定价、广告及销售方面的机构；国家经贸委及省市各级经贸委、工商行政管理局、税务局、各级物价局等。

（4）地方公众，主要指企业周围的居民和团体组织，他们对企业的态度会影响企业的市场营销活动。

公众对企业的生存和发展具有重大的影响，公众可能有促使企业实现其目标的能力，也可能会产生妨碍企业实现其目标的能力。所以，企业必须采取积极、适当的措施，主动处理好同公众的关系，树立企业的良好形象，促进市场营销活动的顺利开展。

2.4　消费者市场需求

现代企业的市场营销观念要求企业发现、唤起和满足顾客的需求，使顾客的满意度达到100%，从而广泛占领市场，求得自己的发展。它体现了企业经营的指导思想，企业应主动发现顾客的购买欲望，并满足其需求，通过让顾客满意来实现效益。所以，企业应十分关注消费者的需求。如果不研究消费者的需求，企业将会失去市场。

2.4.1　消费者的需求特点

消费者的需求是人们为了自己生存和发展的需要对物质资料和精神产品所产生的欲望和反应。心理学研究表明，人的需求是由于人本身缺乏某种生理或心理因素而产生的与周围环境的某种不平衡状态。因此，需求是推动人活动的内在驱动力。

人的需求是多种多样的，但不论什么样的需求，都具有以下共同特点。

1．需求具有对象性

人的一切需求总是包括一定的内容或某种具体的事物，如口渴想要喝水，饥饿想要吃东西，离开了具体的事物与内容，就无所谓需求。

2．需求具有选择性

消费者已经具有的需求经验，使得消费者能够对需求的内容进行选择。究竟消费者个人选择哪种形式满足其需求，除了个人经验外，个体的喜好、文化素养、价值观、经济收入和目标的可接近性都是主要的影响因素。

3．需求具有连续性

需求具有连续性是指需求不断地出现，满足，再出现，再满足，周而复始地循环，永无止境。心理学家指出，人们的需求之所以永无止境是由于：

（1）存在的需求永远不会完全得到满足，因而促使人们不断地进行活动以满足它。

（2）一旦需求得到了满足，就会产生新的更高的需求。

（3）达到目标的消费者会为自己确定更高的目标。

4．需求具有相对满足性

需求的相对满足是指需求在某一具体情况下所达到的满足标准。从现实来讲，消费者需求的相对满足程度取决于消费者的消费水平。消费水平低，需求容易满足；反之，则不易满足。

5．需求具有发展性

消费者的需求不会静止在原有水平上，一般是向前推进的。随着社会生产的发展和消费者收入的提高，消费者的生活方式会发生转变，追求更好的生活质量，从而对商品和服务的需求也在不断地发展，由低级到高级，由物质到精神，由简单到复杂。

6．需求具有流行性

需求具有流行性即消费流行，是指在一定的社会经济条件下，受某些因素的影响而形成的消费"热潮"。如某种商品以其新颖、奇特、美观、大方、质量优异、价格适当出现在市场上，并被人们接受之后，就会产生一种无形的宣传，使更多消费者对这种商品产生兴趣，从而产生购买"热潮"，这种商品便成为流行商品。过一段时间后，这种商品可能就不时兴了，而由另一种时兴商品取而代之，这就是消费需求的流行性。消费流行有健康的、美好的，也有颓废的、低级的，企业应该加以区分，对健身用品、健康文化消费等应该加以满足，而对色情的、有害的需求则应予以抵制。

2.4.2 消费者购买行为分析

市场营销理论研究消费者市场，核心是研究消费者的购买行为，即研究消费主体通过支出（包括货币或信用）而获得所需商品或服务时的选择过程，而这个过程的形成与发展要受到许多因素的影响，其中主要因素有文化因素、社会因素、个人因素和心理因素（见图 2-7）。

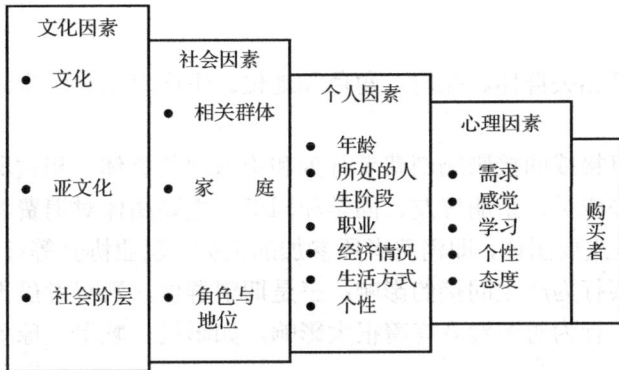

图 2-7　消费者购买行为分析

1．文化因素

1）文化和亚文化

文化直接影响人们的欲望和行为。影响消费者购买行为的文化因素是指消费者所形成的共同的价值观、信仰、道德观、风俗习惯。而不同的价值观、信仰、道德观和风俗习惯是影响人们消费行为的深层次原因。人们的风俗习惯、伦理道德、价值观念和思维方式等，都受传统文化的制约。但传统文化也不是固定不变的，促使传统文化发生变化的因素很复杂，有些显而易见，有些难以捉摸。每一种文化群体内部又包含若干亚文化群，主要有以下四种。

（1）民族亚文化群。世界上许多国家，除了具有相对统一的某种文化类型外，还存在以民族传统为基础的亚文化。例如，我国共有 50 多个民族，其中汉族占全国总人口的 90%以上，其他民族所占的比例较少，人口超过百万的只有壮族、满族、回族、苗族、维吾尔族、蒙古族、朝鲜族等十几个民族。

（2）宗教亚文化群。每个国家都有许多不同的宗教。在我国就有佛教、伊斯兰教、天主教、基督教等不同的宗教。其教规、戒律都是不同的，从而对商品的偏好和禁忌也会有所不同，在购买行为和购买种类上也表现出各自特征。

（3）种族亚文化群。一个国家可能有不同的种族，各个种族都有自己独特的生活习惯和文化传统。如世界上有白种人、黑种人、黄种人、棕种人四个种族，他们的购买行为各不相同。

（4）地理亚文化群。处于不同位置的各个国家，或者同一国家内处于不同地理位置的各个地区的消费者有着不同的习惯、口味和消费需求。例如，闻名中国的川菜、鲁菜、京菜、粤菜、闽菜、淮扬菜、徽菜、湘菜八大菜系，皆风格各异，各成一派，就是因为地域不同而形成的。

2）社会阶层

社会阶层是由具有相同或类似社会地位的社会成员组成的相对持久的群体。社会阶层是一种普遍存在的社会现象。不同社会阶层的人具有不同的价值观念、生活习惯和消费行为，主要是由经济地位的不同决定的。但有时即使收入水平相同，不同阶层人们的生活方式和购买行为也仍然有明显差别。由于收入水平、受教育程度等方面的差异，不同社会阶层的人在购买行为和购买种类上具有明显的差异性，对商品、品牌、宣传媒体等均有不同的偏好。企业要适应不同阶层的消费者，以便有的放矢，采取最佳的市场营销策略。例如，高阶层的消费者比较喜欢温和型商品，低阶层的消费者则喜欢刺激型商品。

2．社会因素

社会因素主要包括相关群体、家庭、角色和地位。下面对部分因素进行介绍。

1）相关群体

相关群体是指能直接或间接影响消费者行为和价值观的群体。相关群体有三种形式：一是主要团体，包括家庭成员、亲朋好友、同学和同事，主要团体对消费者的购买行为产生直接和主要的影响；二是次要团体，即消费者所参加的工会、职业协会等社会团体和业余组织，这些团体对消费者购买行为产生间接的影响；三是期望群体，消费者虽不属于这一群体，但这一群体成员的态度、行为对消费者有着很大影响，如影星、歌星、球星。

2）家庭

家庭是社会的细胞，也是社会基本的消费单位，家庭成员对消费者的购买行为起着直接和潜意识的影响。对消费者购买行为的影响，在不同类型的家庭中其影响是有区别的。有人曾把家庭分为四种类型，即丈夫决定型、妻子决定型、共同决定型、各自做主型。另外，在不同商品的购买行为中家庭成员的影响也有区别。一般来说，丈夫对电视机、汽车等重要产品的影响较大，妻子则对洗衣机、吸尘器等商品的影响较大，夫妻影响均等的商品包括住房、家具等。

3．个人因素

在社会文化诸因素都相同的情况下，各个消费者的行为仍然会有很大差异，这是由于年龄、所处的人生阶段、职业、经济情况、个性和生活方式等个人情况不同而造成的。

4．心理因素

消费者的购买行为受心理活动的支配。影响消费者购买行为的心理因素，也称为个别因素，包括需求、感觉、学习、个性和态度等几个心理过程，通过对这些过程的研究，可以了解消费者购买行为的起因。

1）需求

需求是指客观刺激物通过人体感官作用于人的大脑而引起的某种状态。当这种状态达到一定程度时，便产生需求，而需求又引起动机，后者又是引起人的行为、支配人的行为的直接原因和动力。消费者为什么购买某种产品，为什么对企业的市场营销活动有着某种反应，在很大程度上和消费者的购买动机密切相关。因此，企业的市场营销活动要想达到自己的目标，应设法通过一定的刺激物来引发消费者的需求及动机，进而促使消费者采取购买行为。

美国著名的心理学家马斯洛于1951年提出了"需求层次理论"（见图2-8）。他根据人们对需求的不同程度，把需求分成若干层次，即生理需求、安全需求、爱和归属感、尊重和自我实现。马斯洛认为，每个人的行为动机一般是受到不同需求支配的，已满足的需求不再具有激励作用，只有未满足的需求才具有激励作用。这一观点对市场营销人员具有很大的启示。首先，营销人员要不断发现消费者未被满足的需求，然后应想方设法、最大限度地去满足他们；其次，营销人员在分析消费者特性后，将促销方式、广告、宣传集中于多层次消费者需求上，以获得最大效果；最后，营销人员可以针对某个层次的需求来确定目标市场，并进一步制定市场营销策略。

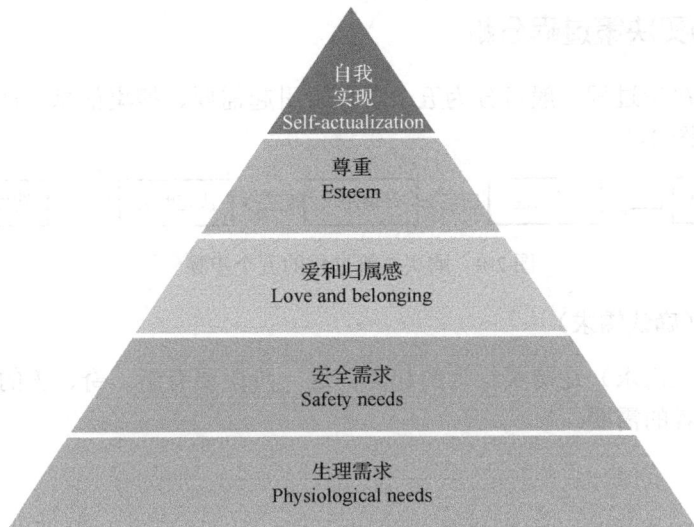

图 2-8　马斯洛需求层次理论

2）感觉

当消费者有了购买动机之后，可能产生行动，但采取怎样的行动，则视其对客观情境的感觉如何而定。感觉是指人们通过感觉器官，对客观刺激事物和情境的反应。消费者对不同的刺激物或情境不仅会产生不同的感觉，就是对于相同的刺激物或情境也会产生不同的感觉，出现这种现象的主要原因是由于感觉过程的特殊性。

3）学习

人类的学习过程（包括消费者的学习过程）是由驱策力、刺激物、提示物（诱因）、反应、强化五个要素组成的。驱策力是一种驱使人们行动的内在推动力；刺激物是一种能减缓或消除驱策力紧张程度的物体，如御寒的衣服；提示物（诱因）又称提示刺激物，它决定着动机的程度和方向，如某人已有了购买一套西服的动机，但他何时、何地买，买什么品牌的西服，则受其周围的一些较次要的刺激物的影响；反应是对诱因和刺激物的反作用或反射行为；强化则是对刺激物反应的加强，强化与满意的程度是紧密相关的。

根据消费者这种刺激—反应—强化的规律，企业应为扩大产品的销路，向广大消费者提供有效的刺激物和诱因，并通过产品的质优、价廉、样式等来强化消费者的反应。

4）个性

一个人所具有的特性，会直接或间接地影响他的购买行为。在分析个人性格对消费者购买行为的影响时，企业应特别注意对消费者自我形象的分析，这不仅是因为消费者自我形象是影响购买行为的重要个性因素，而且还因为自我形象直接影响购买行为。所谓自我形象，是指每个人对自己的认识，其中有时是指一个人希望把自己塑造成什么形象，有时则是指在社会交往中，别人怎样看待自己。

5）态度

态度是指人们对事物的看法，它体现着一个人对某一事物的喜好与厌恶的倾向。态度是从学习中来的，它有一个逐步形成的过程，而一旦形成，则直接影响人们的行为。例如，人们认为某一品牌的彩色电视机质量最好，就会购买这一品牌的彩色电视机，甚至当他的亲友购买彩色电视机时，他也会极力推荐这一产品。

2.4.3　消费者购买决策过程分析

消费者的购买决策过程一般可分为五个阶段：引起需要、搜集信息、评估比较、决定购买、购后评价（见图2-9）。

引起需要 ⟹ 搜集信息 ⟹ 评估比较 ⟹ 决定购买 ⟹ 购后评价

图 2-9　购买决策过程的五个步骤

1．引起需要（确认需求）

引起需要（确认需求）是购买行为的起点。这一阶段要有新、奇、美的商品及广告刺激以唤起及强化消费者的需要。

2．搜集信息

搜集信息，以便完成从知晓到确信的程序。企业应加大广告宣传，做好商品的展示和陈列。

3．评估比较

对搜集到的信息进行评估比较，这是决策过程的决定性环节。在这一阶段，企业应加大宣传力度，改变消费者心目中的品牌、产品的信念和标准。

4．决定购买

通过以上三步后，消费者要确定是立即购买、延期购买还是不买。在这一阶段，企业应提供详细的商品信息、销售服务，以促成其购买行为。

5．购后评价

购后评价是消费者对已购商品在使用过程中，对满足自己预期需要的反馈，重新考虑购买这种商品是否正确，是否符合预期等，从而产生的感受。这种感受一般表现为满意、基本满意、不满意三种评价。"最好的广告是满意的顾客"，因此，企业要加强售后服务，改善消费者的购后感受。

> 小思考：
> 　　当你购买商品时是否注意到你的购买决策的五个步骤？请用一次购买经历来举例说明。

📖 本章小结

市场营销环境是指与企业市场营销活动有潜在关系的所有外部力量和相关因素的集合，它是影响企业生存和发展的各种外部条件。企业市场营销活动要考虑宏观环境、微观环境和消费者需求。

（1）宏观环境是指影响企业市场营销活动的社会性力量与因素，包括人口环境，经济环境，自然环境，技术环境，政治、法律环境及社会文化环境。这些因素是企业不可控制的变量。

（2）微观环境是指与企业市场营销活动直接发生关系的组织与行为者的力量和因素，包括企业内部环境、供应商、营销中介人、顾客、竞争者和公众，这些都会影响企业的市场营销活动。

（3）消费者需求是人们为了自己生存和发展的需要对物质资料和精神产品所产生的欲望和反应。因此，需求是推动人们活动的内在驱动力。

市场营销理论研究消费者市场，核心是研究消费者的购买行为，其中主要因素有文化因素、社会因素、个人因素和心理因素。

习题 2

一、填空题

1. 企业的市场营销环境包括＿＿＿＿＿＿和＿＿＿＿＿＿两方面的因素。

2. 竞争者包括＿＿＿＿＿、一般竞争者、＿＿＿＿＿、＿＿＿＿＿。

3. 宏观环境是代表企业＿＿＿＿＿＿的变量。

4. 市场是由那些想买东西并且有＿＿＿＿＿的人构成的，而且这种人越多，市场的规模就越人。

5. 消费者收入包括消费者个人工资、＿＿＿＿＿、＿＿＿＿＿、租金、＿＿＿＿＿等收入。

6. 消费者的购买力来自＿＿＿＿＿＿。

7. 随着消费者收入的变化，消费者支出模式会发生变化，这个问题涉及＿＿＿＿＿。

8. 马斯洛的需求层次理论认为：人的需求层次由低到高依次是＿＿＿＿＿、＿＿＿＿＿、＿＿＿＿＿、＿＿＿＿＿、＿＿＿＿＿。

9. 国外一些厂商常花高价请明星们穿着、使用他们的产品，可起到显著的示范效应。这是利用了＿心理对消费者的影响。

10. 在不同的地区、不同的气候条件下，消费者的情绪、习惯、偏好甚至审美观、性格、气质等都有所不同，这是＿＿＿＿＿环境对消费心理的影响。

二、单项选择题

1. 能满足购买者共同愿望的同种类产品的各种品牌是（   ）。
    A. 愿望竞争者　　　　B. 一般竞争者　　　　C. 产品形式竞争者　　　　D. 品牌竞争者

2. 代理中间商是属于市场营销环境的（   ）因素。
    A. 内部环境　　　　B. 竞争者　　　　C. 营销中介人　　　　D. 公众环境

3. 市场营销环境中的（   ）被称为是一种"创造性的毁灭力量"。
    A. 新技术　　　　B. 自然资源　　　　C. 社会文化　　　　D. 政治法律

4. 下列属于市场营销微观环境的是（   ）。
    A. 辅助商　　　　B. 政府、公众　　　　C. 人口环境　　　　D. 消费者收入

5. 目前许多国家中的人口环境方面的主要动向有（   ）。
    A. 人口流动性加大　　B. 出生率下降　　　　C. 老龄化　　　　D. 以上所有

6. 影响消费者支出模式的因素有（   ）。
    A. 经济环境　　　　B. 消费者收入　　　　C. 家庭生命周期　　　　D. 以上所有

7. 需求层次理论的首创者是（   ）。

　　A．西格蒙德·弗洛伊德　　　　　　　B．亚伯拉罕·马斯洛

　　C．宇野正雄　　　　　　　　　　　　D．菲利普·科特勒

8．在影响消费者行为的心理因素中最重要的是（　　）。

　　A．由需求引起的动机　　　　　　　　B．感觉

　　C．学习　　　　　　　　　　　　　　D．个性和态度

9．一个消费者的完整购买过程是从（　　）开始的。

　　A．引起需要　　　B．筹集经费　　　C．搜集信息　　　　D．决定购买

10．小王见同事小张买了一台游戏机，觉得很好，于是准备星期日也上街选购一台。这时小王处于购买决策过程的（　　）阶段。

　　A．引起需要（确认需求）　　　　　　B．搜集信息

　　C．评估比较　　　　　　　　　　　　D．购买决策

三、判断题（正确的画"√"，错误的画"×"）

1．需求是指客观刺激物通过人体感官作用于人的大脑而引起的某种状态。（　　）

2．消费者的购买行为受经济因素、心理因素的影响，不会受其他社会因素的影响。（　　）

3．文化不是影响人们欲望和行为的重要因素。（　　）

4．市场营销理论研究消费者市场，核心是研究消费者的购买行为。（　　）

5．消费者的购买行为是指消费者在购买动机的支配下，为满足某种需要而进行的购买商品的活动。（　　）

案例分析 2

沃尔玛和家乐福撤离韩国

　　进入 21 世纪后，全球最大零售商沃尔玛公司宣布，将以 8.82 亿美元的价格把它在韩国的分店出售给韩国新世界集团，从而正式退出韩国市场。但在一个月前，全球第二大零售商家乐福集团已将其在韩国的所有分店转让给了韩国企业。

　　两大跨国零售集团为何相继在韩国市场受挫？

　　有专家在沃尔玛和家乐福超市进入韩国时就提出，沃尔玛和家乐福超市简陋灰暗的会员制卖场、特别是几米高的货架对身材娇小的韩国妇女来说很不方便。另外，韩国消费者不习惯一次性购买大量商品，而是喜欢精挑细选，对价格反而不敏感。而且，沃尔玛和家乐福超市未能根据韩国人的居住和出行习惯将卖场设立在大型居民区附近，而是一味追求卖场规模和低廉的土地成本，结果它给韩国人的普遍印象就是比其他超市更远、更不方便。可惜，沃尔玛和家乐福超市对此同样未引起重视。

　　而且家乐福在韩国有的连卖场店员都是从法国本土招募的。这不仅增加了人员成本，而且由于语言和文化的隔阂，法国雇员很难理解和掌握韩国人的消费心理，经营僵化，导致巨额亏损。

　　两大巨头在韩国的境遇告诉我们，在全球化的今天，如果忽视市场特点和消费者习惯，故步自封于单一僵化的经营模式，规模再大、资本再雄厚的企业，也照样会被消费者拒之门外。

【案例思考】

1．你认为导致沃尔玛和家乐福超市撤离韩国的原因是什么？

2．我们应该如何分析市场营销环境对企业的影响？

实训 2

课堂训练：对市场营销环境的理解

主　　题：思维拓展能力训练

课　　时：2 学时

地　　点：教室

过程设计：① 结合教学内容，分阶段让学生搜集有关宏观市场营销环境和微观市场营销环境的资料，根据每个学生搜集资料的相近程度，按每组 5～6 人进行分组。

②　各小组先对每个人根据资料提出的观点进行讨论，推选一名代表上台演讲。

③　由授课教师对每组的演讲进行点评并颁发奖品。

实训目的：① 培养学生搜集资料并进行信息分析的能力。例如，美国的一个化妆品的广告是这样的：一位丈夫跪在妻子的面前将化妆品作为礼物送给了妻子，结果该化妆品在美国卖得很好，因为它表现了一种西方社会对女性的尊重方式。

②　采用听、说、想的形式，拓展学生的思维，提高其分析问题、解决问题的能力。

③　面向全体学生因材施教，最大限度地调动学生的学习积极性，让学生体会共同学习的重要性。

建　　议：教师可以围绕多种市场营销环境，采取灵活多样的方式对学生进行各种能力的训练，以提高学生的综合素质，并将每个学生搜集市场营销环境资料的成绩计入学期总成绩。

第3章 市场细分

引例3

宝洁公司的市场细分

宝洁（Procter &Gamble，简称 P&G）创于 1837 年，是全球最大的日用消费品公司之一，总部位于美国俄亥俄州辛辛那提市，全球员工近 110 000 人。宝洁在日用化学品市场上的知名度相当高，其产品包括洗发、护发、护肤用品、化妆品、婴儿护理产品、妇女卫生用品、医药、食品、饮料、织物、家居护理、个人清洁用品及电池等。

宝洁公司名称"P&G宝洁"没有成为任何一种产品和商标，而是根据市场细分为洗发、护肤、口腔等几大类，以各品牌为中心运作。在中国市场上，香皂用的是"舒肤佳"、牙膏用的是"佳洁士"，洗发水就有"飘柔""潘婷""海飞丝"三种品牌，洗衣粉有"汰渍""碧浪""洗好""欧喜朵""波特""世纪"等九种品牌。要问世界上哪个公司的牌子最多，恐怕非宝洁公司莫属。多品牌的频频出击，使公司在顾客心目中树立起实力雄厚的形象。

宝洁公司经营的多种品牌策略（见图 3-1）不是把一种产品简单地贴上几种商标，而是追求同类产品不同品牌之间的差异，包括功能、包装、宣传等方面，从而形成每个品牌的鲜明个性。这样，每个品牌都有自己的发展空间，市场就不会重叠。不同的顾客希望从产品中

获得不同的利益组合，有些人认为洗涤和漂洗能
力最重要，有些人认为使织物柔软最重要，还有
些人希望洗衣粉具有气味芬芳、碱性温和的特征。
于是宝洁就利用洗衣粉的九个细分市场，设计了
九种不同的品牌。利用一品多牌从功能、价格、
包装等各方面划分出多个市场，满足不同层次、
不同需要的各类顾客的需求，从而培养消费者对
该企业某个品牌的偏好，提高其忠诚度。由于边
际收入递减，要将单一品牌市场占有率从 30% 提
高到 40% 很难，但如重新另立品牌，获得一定的
市场占有率相对容易，这是单个品牌无法达到的。

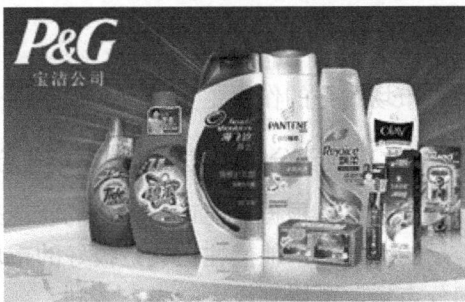

图 3-1 宝洁公司多品牌策略

宝洁公司进入中国市场，首先对整个中国的洗发水市场划分为高、中、低三个部分，
同时在每个部分市场根据不同的标准划分出更细的细分市场：如根据不同发质和不同消费
者喜好分成各种专用功能市场；如根据市场的人口密度分为都市、市郊和乡村市场；根据
年龄可以分为青年、中年和老年市场，并根据这些市场的特性让自己的产品迎合这些细分
市场的需求。

如何根据消费者的差异性，将某特定产品的整体市场分割为若干消费群体，以选择和确
定目标市场，提供更有针对性的服务，就是本章要阐述的重点内容。

3.1 市场细分

市场细分是由美国市场营销学家德温尔·斯密于 20 世纪 50 年代中期首先提出的一个新
概念。它顺应了第二次世界大战后美国众多产品由卖方市场转化为买方市场这一新的市场形
势，是传统营销思想的新发展，是企业在经济活动中贯彻市场导向这一市场营销观念的合乎
逻辑的产物。

3.1.1 市场细分的含义

在许多市场上存在着一个个的消费者群，他们有着不同的需求和欲望。所谓市场细分，
就是指企业根据消费者购买行为与购买习惯的差异性，将某一特定产品的整体市场分割为若
干消费群体，以选择和确定目标市场的活动。

企业进行市场细分，首先要发现不同消费者之间需求的差别。就进餐而言，有的人吃
的是味道，有的人注重的是环境，有的人讲究的是氛围，消费者需求的差异是必然存在的。
进行市场细分，要把需求相同的消费者归为一类，这样每一个消费者群体就构成一个细分
市场。

在不同的细分市场之间，消费者的需求存在比较明显的区别。而在每个细分市场内，消
费者需求的差别就比较小。可见，市场细分是运用了"求大同存小异"的方法。必须注意的
是，市场细分与一般的市场分类有质的区别。市场的一般分类往往只按照商品的供应方来划
分，而并非按照消费者的需求差异来细分。

3.1.2　市场细分的作用

市场细分的作用主要表现在以下四个方面。

1．有利于分析和发掘新的市场机会

企业可以根据目前市场竞争的状况来分析市场需求的满足程度，发现那些需求尚未得到满足的消费者，他们往往就是极好的市场机会。尤其是发掘出新的潜在需求，率先开辟新的细分市场，可得到极大的先占之利。

2．有利于小企业开发市场

小企业一般资源、能力都有限，在整体市场或较大的细分市场上缺乏竞争能力。如果小企业善于发现一部分特定消费者未满足的需求，细分出一个小市场，推出相应的产品，往往能够取得极大的经济效益。

3．有利于企业制定和调整市场营销策略

在不同的细分市场上，消费者对于产品的质量、款式、包装、维修服务、产品价格等有着不同的要求，对广告、宣传的形式也有不同的偏好。因此，企业只有根据目标市场的特点，有针对性地综合运用各种市场营销手段，才能取得事半功倍的效果。离开了市场细分，对目标市场的概念就会模糊不清，就不可能制定出正确的市场营销策略。

例如，真丝花绸在欧美等国市场上属于名贵、高档商品，消费者大多数是有地位、有身份的上流社会中的女性。前些年，我国外贸行业向欧美等国出口真丝花绸时，没有进行市场细分，对目标顾客的需求特点不了解，经营一直不畅。我国的产品配色不够协调、不柔和、不符合西方人的品位。针对这种情况，国内有些企业已走在前列，不断地开发出具有高附加值的丝绸末端产品，取得了较好的经济效益。

4．有利于企业集中使用资源

企业可以根据细分市场的特点，集中使用企业资源，避免分散力量，发挥自己的优势，取得最佳经济效益。例如，美国有一家规模很小的制鞋公司，在品种、规格甚多的皮鞋市场上缺乏竞争力，通过市场细分发现有些消费者喜欢穿一种轻便、舒适的软牛皮鞋，于是投入自己全部的资金和人力生产这种软牛皮鞋，打入了竞争激烈的皮鞋市场，并取得了较好的经济效益。

3.1.3　市场细分的依据

麦当劳有美国国内和国际市场，而无论是在国内还是国外，都有不同区域人的饮食习惯和文化背景。麦当劳进行地理细分，主要是分析各区域的差异。如美国东、西部的人喝的咖啡口味是不一样的。通过把市场细分为不同的地理单位进行经营活动，从而做到因地制宜。麦当劳刚进入中国市场时大量传播美国文化和生活理念，并以美国式产品牛肉汉堡来征服中国人。但中国人爱吃鸡肉，鸡肉产品更符合中国人的口味。针对这一情况，麦当劳推出了鸡肉产品。于是在全世界从来只卖牛肉产品的麦当劳开始卖鸡肉产品了，也因此加快了其在中国市场的发展步伐。

议一议：

　　由于宗教信仰等各方面原因，绝大多数印度人不吃牛肉、猪肉，你认为麦当劳该如何开拓印度市场呢？

1．消费者市场细分的依据

　　由上述案例可见，消费者市场的细分依据很多，但一般可概括为地理因素、人口因素、心理因素和行为因素（见图3-2）。

　　1）地理因素

　　地理因素是指消费者市场所处的地理位置和地理环境，包括地理区域、地形气候、人口密度等。

　　（1）地理位置。其可以按照行政区来细分，也可以按照地理区域来细分。

　　（2）城镇大小。其可划分为大城市、中等城市、小城市和乡镇。

　　（3）地形和气候。其按地形可划分为平原、丘陵、山区、沙漠地带等；按气候可分为热带、亚热带、温带、寒带等。防暑降温、御寒保暖之类的消费品就可按不同气候带来划分。

图 3-2　消费者市场细分的依据

　　2）人口因素

　　人口因素就是按照人口统计资料所反映的内容，如年龄、性别、收入、民族、职业、教育状况、家庭规模等因素来细分市场。人口因素比较容易衡量，是市场细分最常用的依据。

　　（1）年龄。不同年龄段的消费者，由于生理、性格、爱好、经济状况的不同，对消费品的需求往往存在很大的差异。例如，按年龄可将市场划分为儿童、青年、中年和老年市场。从事服装、食品、保健品、药品、健身器材、书刊等商品业务的企业，经常采用年龄变数来细分市场。

　　（2）性别。按性别可将市场划分为男性市场和女性市场。不少商品在用途上存在明显的性别特征，如男装和女装。在购买行为、动机等方面，男女之间也有差异，如女士是服装、化妆品、节省劳动力的家庭用具、小包装食品等市场的主要购买者，男士则是香烟、饮料、体育用品等市场的主要购买者。

　　（3）收入。收入的变化直接影响消费者的需求欲望和支出模式。根据平均收入水平的高低，可将消费者划分为高收入、次高收入、中等收入、次低收入、低收入五个群体。收入高的消费者通常比收入低的消费者购买更高价的产品，如钢琴、汽车、空调、豪华家具、珠宝首饰等；收入低的消费者则通常在住地附近的商店、仓储超市购物。

　　（4）民族。世界上大部分国家都拥有多个民族，我国更是一个多民族的大家庭，各民族都有自己的传统习俗、生活方式，从而呈现出各种不同的商品需求。

　　（5）职业。不同职业的消费者，由于知识水平、工作条件和生活方式等不同，其消费需求存在很大的差异，如教师有书籍、报刊等方面的需求，文艺工作者有美容、服装等方面的需求。

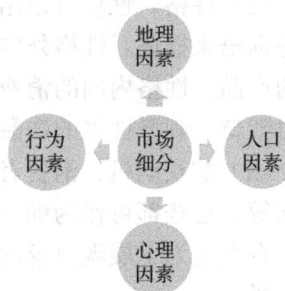

3）心理因素

心理因素是指根据购买者所处的社会阶层、生活方式、个性特点、价值观念、偏爱程度等变数对市场进行细分。心理因素是比较复杂的动态因素，企业必须根据消费者的不同心理变化，随时进行调查研究，以便确定自己的目标市场。例如，人们总是通过消费特定的商品来表现他们的生活方式。

（1）生活方式。越来越多的企业，如服装、化妆品、家具、娱乐等行业，重视按人们的生活方式来细分市场。生活方式是人们对工作、消费、娱乐的特定习惯和模式，不同的生活方式会产生不同的需求偏好，如"传统型""新潮型""节俭型""奢侈型"等。

（2）性格。性格可以用外向与内向、乐观与悲观、自信、顺从、保守、急进、热情、老成等词语来描述。性格外向、感情易冲动的消费者往往好表现自己，因而他们喜欢购买个性化的产品；性格内向的消费者则喜欢购买大众化的产品；富于创造性和冒险心理的消费者，则对新奇、刺激性强的产品特别感兴趣。

（3）购买动机。消费者对所购产品追求的利益主要有求实、求廉、求新、求美、求名、求安等，这些都可作为细分的变量。例如，有人购买服装为了遮体保暖，有人是为了美的追求，有人则为了展现自身的经济实力等。因此，企业可对市场按利益变数进行细分，确定目标市场。

4）行为因素

行为因素即以购买者对产品的购买时间、购买数量、购买频率、购买习惯等标准来划分消费者群。

（1）购买时间。许多产品的消费具有时间性，烟花爆竹的消费主要在春节期间，月饼的消费主要集中在中秋节前。

（2）购买数量。据此可分为少量使用者、中量使用者和大量使用者。大量使用者人数不一定多，但他们的消费量占总消费量的比重却很大。因此，大量消费者经常成为许多企业重要竞争的目标消费者。

（3）购买习惯（对品牌的忠诚度）。据此可将消费者划分为坚定品牌忠诚者、多品牌忠诚者、转移的忠诚者、无品牌忠诚者等。

2. 生产者市场细分的依据

除心理因素对生产者市场的购买行为影响较小外，消费者市场细分标准一般都可用于生产者市场。但由于生产者市场有它自身的特点，企业还应采用其他一些标准和变数来进行细分，最常用的有如下两个。

1）最终用户

最终用户不同，所追求的功能需要往往不相同。如电子产品市场按最终用户可分为军事用户、工业用户、商业用户三个细分市场。一般来说，军事用户重视产品质量，特别是产品的可靠性，而对价格不作为主要考虑的因素；工业用户则重视产品的质量和售后服务，在质量保证的前提下，力求价格便宜；商业用户则重视价格和交货期。

2）用户规模

企业规模的大小主要依据企业资本的多少和购买力的大小来划分。一般而言，大企业数量少、资金多、购买力强、购买集中及购买次数少；相反，小企业数量多、资金少、购买力弱、购买较分散及购买次数多。因此，企业可根据用户规模的大小细分市场。

3.1.4 市场细分的程序

美国营销学家麦卡锡提出了逻辑性很强的"细分程序五步法",如图 3-3 所示。

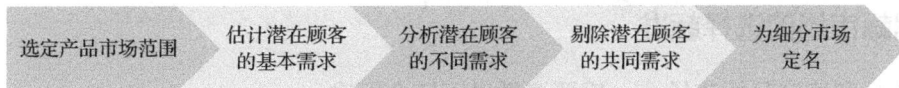

| 选定产品市场范围 | 估计潜在顾客的基本需求 | 分析潜在顾客的不同需求 | 剔除潜在顾客的共同需求 | 为细分市场定名 |

图 3-3 细分程序五步法

1．选定产品市场范围

选定产品市场范围即在明确企业任务、目标,对市场环境充分调查、分析之后,以市场未满足的需求为依据,来确定企业的产品市场范围。

2．估计潜在顾客的基本需求

在选定市场范围以后,企业可以从地理因素、心理因素、行为因素等方面,对潜在顾客的产品基本需求进行估计。例如,对于空调的性能,南方地区在选购上以制冷为主,北方地区则相反。

3．分析潜在顾客的不同需求

企业依据人口因素作抽样调查,向不同的潜在顾客了解哪些需求对他们更重要,初步形成几个消费者需求相近的细分市场。例如,由于家庭居住面积大小的不同,需要功率大小不同的空调;由于家庭收入不同,需要价格不同且功能各异的空调。

4．剔除潜在顾客的共同需求

检验各个细分市场的需求,剔除其中的共同需求,以它们之间需求的差异作为市场细分的依据。例如,一般的顾客都希望空调噪声小、耗电量低,这是共同的需求,但这不能作为市场细分的依据。不同的家庭需要功率大小不同的空调,这种需求的差异就可以作为市场细分的依据。

5．为细分市场定名

根据不同消费者的特点划分为相应的细分市场,并赋予一定的名称,从名称上可联想该市场消费者群的特点。例如,宾馆客房空调、汽车专用空调及家用空调等。

3.2 目标市场

企业在市场细分的基础上,只有正确地选择其中一个或少数几个细分市场作为目标市场,并采用适当的市场营销战略,才能得以生存与发展。

3.2.1 目标市场的含义

选择目标市场,明确企业应为哪一类用户服务,满足他们的哪一种需求,是企业在市场营销活动中的一项重要策略。为什么要选择目标市场?因为不是所有的子市场对本企业都有吸引力,任何企业也没有足够的人力资源和资金满足整个市场或追求过分大的目标,只有扬长避短，找到有利于发挥本企业现有的人、财、物优势的目标市场，才能在庞大的市场上找准商机。目标市场就是通过市场细分后，企业准备以相应的产品和服务满足其需要的一个或几个子市场。

3.2.2　目标市场的选择标准

正确选择和确定目标市场，一般要遵循以下三个标准。

1．市场上存在潜在需求

从现代市场营销的动态观念出发，企业不但要重视消费者的现实需求，而且要重视消费者的潜在需求。市场是否存在潜在需求关系到企业的长远发展，是企业选择目标市场的首要问题。

2．市场要具有一定的购买力

如果一个市场缺乏与消费产品相适应的购买力，那么就不能构成现实市场，以盈利为目标的企业就很难达到预期的目的。

3．市场尚未呈现垄断

企业选择目标市场时，还需了解市场是否已被竞争对手完全控制，是否还有企业生存发展的空间，否则选择该市场作为目标市场就会失去意义。

3.2.3　目标市场的营销策略

目标市场选定以后，企业就要着手进入目标市场，而可供选择的目标市场的营销策略主要有以下三种。

1．无差异性市场营销策略

无差异性市场营销策略是指企业在整体市场中组织经营活动，但仅提供一种产品，实施一组市场营销策略。其特点是：

（1）非市场细分化，即着眼于整体市场需求的共性而非差异性。

（2）将整体市场作为企业的目标市场。

（3）提供一种产品以满足整体市场中顾客的某一共同需求。

（4）实施一组市场营销策略为整体市场服务。

例如，福特汽车公司和可口可乐公司均十分成功地实施过这种策略。福特汽车公司的创新产品"T形车"，不仅只提供单一车形，还只有一种颜色，该公司的口号是"不管你喜欢什么颜色，我们只生产黑色车"。

2．差异性市场营销策略

差异性市场营销策略是指企业在整体市场中组织经营活动，但分别为各细分市场提供互有差异的产品，并实施各具特色的市场营销策略。其特点是：

（1）市场细分化，即着眼于整体市场需求的差异性。

（2）将整体市场中的所有细分市场均作为企业的目标市场。

（3）推出多种产品，分别满足各细分市场的特殊需求。

（4）实施多种市场营销策略，分别为各细分市场服务。

差异性市场营销策略是科学发展的结果，也是企业之间激烈竞争的产物。

差异性市场营销策略能较好地提升企业及其品牌的知名度和美誉度，塑造良好的企业形象，培养品牌忠诚度，增加销售量，扩大市场占有率。

3．集中性市场营销策略

集中性市场营销策略是指企业明确市场细分后，在对各细分市场进行评估、分析、判断的基础上，选择其中一个或少数几个细分市场作为目标市场，集中企业所有的力量，实行专业化生产和销售。其特点是：

（1）市场细分化。

（2）从整体市场中选择一个细分市场或少数几个细分市场作为企业的目标市场。

（3）企业为某一目标细分市场提供相应的产品以满足其需求，实施集中性市场营销策略为其服务。

由于集中性市场营销策略不是以追求整个市场为目标，而是全力以赴经营具有特色的产品或"拳头"产品来占领市场，在局部市场上取得明显优势，即在小市场中占有较大的份额，所以采取这种策略对资源有限的中小企业比较有利。

3.2.4　影响目标市场营销策略选择的因素

上述三种目标市场营销策略各有利弊，在选择目标市场时，必须要综合考虑企业面临的各种因素和条件。

1．企业实力

企业实力主要包括财力、生产能力、销售能力及对市场营销活动的管理能力。如果企业实力较强，可采取无差异性市场营销策略或差异性市场营销策略；反之，如果企业实力不够强，无力经营多个目标市场，则最好采用集中性市场营销策略，选择一个子市场作为目标市场，这样容易在局部市场上有的放矢，取得优势，获得成功。

2．市场与产品的同质性

市场与产品的同质性是一个问题的两个方面，即二者在本质上都是说明目标市场需求是否存在差异。对于同质性高的产品，如钢铁、食盐等，企业应采取无差异性市场营销策略；而对于那些可进行不同设计的异质性产品，如家电、服装等，则应采取差异性市场营销策略或集中性市场营销策略。

3．产品的寿命周期

企业应随着产品所处的寿命周期阶段的变化而变换市场营销策略。当新产品刚投放市场时，竞争者往往比较少，企业的主要任务是预测市场需求和潜在顾客，扩大市场规模，因此可采取无差异性市场营销策略。当产品进入成长期和成熟期时，由于产品品种日益增多，竞争也日趋激烈，企业为了战胜对方，应采取差异性市场营销策略。当产品进入衰退期时，为保住原有市场，延长产品的寿命周期，集中力量对付竞争者，企业应采取集中性市场营销策略。

4. 竞争者市场营销策略

在市场竞争中并无固定模式，一切要从实际出发酌情制定或调整目标市场营销策略。例如，当竞争者实施无差异性市场营销策略，而市场需求又客观上存在差异时，可考虑采取差异性市场营销策略；当竞争者实行差异性市场营销策略时，则可选择有差异的市场细分及适当的定位策略与之对抗。

5. 竞争者的数目

企业可根据市场竞争者数目的多少来选择市场营销策略。当同类产品有很多竞争者时，满足各细分市场消费者群的需要就显得十分重要，因此为了增强竞争能力，可以选择差异性市场营销策略或集中性市场营销策略。当同类产品的竞争者很少时，企业可采取无差异性市场营销策略。

正是源于对以上因素的分析和比较，改革开放初期，中国内地的香皂成功地进入中国香港地区市场。中国香港地区的香皂市场大多是美、日、英、法等国家的产品，其香型、质量、包装、造型都比中国内地的好，每块售价均为数元到十几元港币不等。根据这一情况进行分析，中国内地的香皂要打入中国香港市场，显然在内在质量、外观质量和包装质量等方面都无法与对方竞争，但中国内地香皂的生产成本低是一大优势。因此，低收入阶层则应作为首先进攻的对象。于是，中国内地的香皂售价定为 2～3 元港币，以适应低收入阶层的香皂需求。由于价格上的优势，中国内地的香皂打入了中国香港地区的低档市场。

3.3　市场定位

企业一旦选定了目标市场，就要在目标市场上进行产品的市场定位。当今，我国市场全面进入买方市场，众多品牌不断涌现，产品间的差异性越来越小，同质性越来越严重，使得市场争夺日益激烈。与此同时，消费者面对这些千人一面的商品，无法一一识别，而往往只会选择那些在他们心中占据一定位置的品牌商品。从战略上看，高明的竞争战略是"攻心为上，攻城为下"。要想脱颖而出，就要击中消费者的内心，在其心中占据阵地。那么怎样才能占据消费者的内心呢？

有一张照片能给予我们启示。在整张照片上挤满了密密麻麻的牛，这些牛体形极其相似，唯有一头牛却异常引人注目，在其他牛都低头觅食的时候，它却抬头回眸，瞪着大眼好奇地望着摄影镜头，神情可爱。看到这张照片的人无不一下子被那头牛吸引住目光，并对其留下深刻的印象，而对其他牛则毫无印象。这说明：只有有差异、与众不同的事物才容易吸引人的注意力。

同一产品，往往可适应不同的市场需求，赋予不同的市场定位。意大利金莎牌巧克力就是一个典型的例子（见图3-4）。一颗金光闪闪的榛子果仁巧克力，在不同的包装下，可进入不同的市场，吸引不同的消费者。

图3-4　金莎牌巧克力的不同包装

（1）三颗小包装的"金莎"，是专门为核心消费层

（18～25 岁）设计的，这些年轻人重复采购频繁，其定位在自我消费的层面上。

（2）五颗纸盒装的"金莎"，是把三颗装的装饰豪华化，数量增至五颗，就使其进入价格较高、但市场较狭窄的层面。其定位在刻意追求美观包装，而不计价格，一切以形象及品质为时尚的消费层面上。在分量上，它既可满足个人又可与人分享，还可以当作小礼物送给亲朋好友，表达一份小小的心意。

（3）八颗心形盒装"金莎"，是包装独特的礼品巧克力。其对象是大量的非巧克力消费者，可以作为母亲节、情人节及朋友生日的礼物。

3.3.1 市场定位的含义

市场定位是指企业根据目标市场上同类产品的竞争状况，针对顾客对该类产品某些特征或属性的重视程度，为本企业产品塑造强有力的与众不同的鲜明个性，并将其形象生动地传递给顾客，求得顾客的认同。市场定位的实质是使本企业与其他企业严格区分开来，使顾客明显感觉和认识到这种差别，从而在顾客心目中占有特殊的位置。市场定位具有先入为主的特征，顾客一旦对初次定位的市场有了认知，其他的竞争者则难以改变他们的看法。例如，瑞士厂商对机械手表市场的占领，雀巢公司对速溶咖啡市场的占领等。

3.3.2 市场定位的依据

1．档次定位

定位于不同档次的产品，传达了产品不同品质的信息。例如，定位于高档次的产品，不但传递了产品高品质的信息，而且往往通过高价位来体现其价值，满足了消费者对它的心理认同，如给消费者带来优越感等。价格高达几万元的劳力士表是众多手表品牌中的至尊，是财富与地位的象征。

2．特色定位

构成产品内在特色的许多因素都可以作为市场定位所依据的原则，如所含成分、材料、质量、价格等。七喜牌汽水的定位是"非可乐"，强调它是不含咖啡因的饮料，与可乐类饮料不同。泰诺牌止痛药的定位是"非阿司匹林的止痛药"，显示药物成分与以往的止痛药有本质的差异。一件仿皮皮衣与一件真正的水貂皮衣的市场定位自然不会一样，同样，如果不锈钢餐具与纯银餐具定位相同，则令人难以置信。

3．利益定位

利益定位是指依据产品向消费者提供的利益来进行定位。在同类产品竞争激烈的情况下，可以突出产品的特点和优势，让消费者按自身偏好和对某一种产品利益的重视程度，将不同产品在头脑中排序，置于不同的位置，在有相关需求时，选择相关的商品。例如，在汽车市场上，"沃尔沃"的"安全、耐用"，"丰田"的"经济、可靠"，"菲亚特"的"精力充沛"，"奔驰"的"高贵至尊"，"绅宝"的"飞行科技"，"宝马"的"驾驶乐趣"。

4．使用者定位

依据产品与某类消费者的生活形态和生活方式的关联作为定位，称为使用者定位。以"劳斯莱斯"为例（见图 3-5），它不仅是一种交通工具，还是富豪式生活方式的一种标志。90 多

图 3-5 劳斯莱斯

年来，劳斯莱斯公司生产的"劳斯莱斯"和"本特利"豪华轿车总共才十几万辆，最昂贵的车价格高达 34 万美元。据调查，拥有这两种品牌轿车的消费者有以下五大特征。

（1）他们中 1/3 的人拥有自己的公司。

（2）几乎每一个人都有数处房产。

（3）每个人都拥有一辆以上轿车。

（4）多数人有艺术收藏和游艇。

（5）平均年龄在 50 岁以上。

由此可见，"劳斯莱斯"体现了豪华的社会地位和显赫的生活方式。

5. 文化定位

文化定位是将普通商品升华为情感象征物，以获得消费者的心理认同和情感共鸣，使产品形象根植于消费者的脑海中，达到稳固和扩大市场的目的。

3.3.3 市场定位的策略

市场定位是一种竞争性定位，它反映了市场竞争各方的关系，是为企业有效参与市场竞争服务的。一般而言，企业可采用以下三种市场定位策略。

1. 避强定位

避强定位是一种避开强有力的竞争对手而进行市场定位的模式。企业不与对手直接对抗，而是将自己定位于某个市场"空隙"，发展目前市场上没有的特色产品，开拓新的市场领域。正如棒球界流行的一种说法"对准没有人的地方打"。这种定位的特点是：能迅速在市场上站稳脚跟，并在消费者心中尽快树立起形象。由于这种定位方式市场风险较小，成功率较高，常常为多数企业所采用。

2. 迎头定位

迎头定位是一种与在市场上居支配地位的竞争对手"对着干"的定位方式，即企业选择与竞争对手重合的市场位置，争取同样的目标顾客，彼此在产品、价格、分销、供给等方面差别较小。

在世界饮料市场上，作为后起的"百事可乐"进入市场时，就采用过这种方式，"你是可乐，我也是可乐"，与"可口可乐"展开面对面的较量。实行迎头定位，企业必须做到知己知彼，应该了解市场上是否可以容纳两个或两个以上的竞争者，自己是否拥有比竞争者更多的资源和能力，是不是可以比竞争者做得更好。否则，迎头定位可能会成为一种非常危险的战术，将企业引入歧途。

3. 侧翼定位

侧翼定位即避实击虚，是指与主要竞争者适当拉开距离的定位。因企业的产品和市场营销策略等与主要竞争者存在较大差距，故可避免与强大竞争者的正面竞争，从而赢得更大的生存、发展空间及宝贵的时间，它是许多中小企业常采用的市场定位策略。侧翼定位需要在市场中分化出能引起市场关注的新品牌，以及具备如何在进攻发起后扩大战果的能力。这与一名优秀的国际象棋大师所具备的技艺非常相似。

不过侧翼定位策略并不适用于所有情况,在定位时以竞争者为参照物通常基于以下理由。

(1)竞争者是市场领导者,实力雄厚,无法正面与之竞争。例如,美国赫兹公司占据整个汽车租赁市场份额的 55%,"艾维斯"无法与之正面交锋。

(2)竞争者有可能已经树立了稳固的形象,依附竞争者,可以传递与之相关的信息。赫兹公司多年来已经在消费者心目中确立了汽车租赁市场龙头老大的形象,艾维斯公司自认老二,有利于确立其市场地位,并与排行第三的国民公司拉开距离。

(3)有时消费者并不在乎你的产品究竟如何,他们只关心你同某一特定竞争者相比怎么样。因为产品的价值和质量,消费者很难定量感知,因此适于采用侧翼定位。

3.4 市场营销组合

3.4.1 市场营销组合的含义及其发展

1. 市场营销组合的含义

市场营销组合是市场营销理论体系中的一个重要概念,它是指企业针对选定的目标市场综合运用各种可能的市场营销策略和手段,组合成一个系统化的整体策略,以达到企业的经营目标,并取得最佳的经济效益。按照营销组合理论,它把企业可控制的四个市场基本因素——产品(Product)、价格(Price)、分销渠道(Place)、促销(Promotion)进行有机地组合(简称为 4P)。在 4P 中,每个 P 又包括许多因素,形成每个 P 的次组合。市场学家为了便于分析和应用,在每个 P 的许多变量中,选择了四个变量,组成了各个 P 的次组合。于是,整个市场营销因素均涵盖于这16 个变量之中:产品——质量、品种、包装、品牌;价格——基价、折扣、付款时间、信贷条件;分销渠道——渠道、网点、储存、运输;促销——广告宣传、营业推广、人员推广、公共关系。

2. 市场营销组合的发展

与 20 世纪 90 年代相比,当今的市场营销环境发生了很大的变化,成功的市场营销正日益成为一种政治上的活动。当今,保护型的壁垒市场随处可见,要打开这种市场,除市场营销组合的 4P 以外,营销人员还必须加上另外 2P——政治权力(Political Power)和公共关系(Public Relation)。科特勒将 6P 称为"大市场营销"。

随着大市场营销的实践,科特勒又进一步将其明晰为"战略营销计划",以与传统的 4P"战术性营销组合"区分开来,指出战略营销计划的过程必须先于战术性营销组合的制定。战略营销计划也是一个 4P 过程,即探查(Probing)、分割(Partitioning)、优先(Prioritizing)和定位(Positioning)。只有在搞好战略营销计划过程的基础上,战术性营销组合的制定才能顺利进行。这样市场营销组合就发展到 10P。

3.4.2 市场营销组合的特点

1. 可控性

企业可以自主地选择市场营销变量及其组合方案,如生产何物、如何定价、如何分销、如何促销,企业均可自行安排。然而,因企业的市场行为必然受自身条件及市场需求、市场竞争、政治法律等多方面的约束，故企业的经营决策必须一切从实际出发而不能随心所欲，如企业不能违法生产伪劣产品等。

2. 可变性

企业可随内部及外界情况的变化而酌情调整市场营销变量及其组合方案。在 4P 中，价格和促销比较容易调整；产品和分销渠道调整的难度较大一些。

3. 复合性

复合性又称为层次性，是指 4P 为一个大组合；每个 P 又是由若干市场营销变量复合而成的次级组合（又称子组合）。

4. 整体性

企业在市场营销管理过程中不能孤立地应用或单独调整某个市场营销变量，而是要综合应用和优化组合 4P。不仅 4P 之间要相互协调，还应与市场营销目标之间相互协调，并要动态地与环境的变化相吻合，以便在整体上实现市场营销管理和经济效益的最优化。

5. 目标性

企业实施 4P 的出发点和目的，在于比竞争者更好和更有效地为目标市场服务，来赢得优势，实现市场营销目标。切忌随意性和盲目性。

3.4.3 制定市场营销组合策略

如何针对目标市场制定市场营销组合策略？企业应从识别目标顾客开始，把产品放在使用状态来进行研究。因此，企业要回答下列问题。

- 该细分市场中谁是购买者和使用者？
- 他们的需求是什么？
- 我们的产品应置于什么位置（将产品放在使用状态来考虑）？
- 他们对购买什么如何做出决策？
- 影响他们决策的因素有哪些？

在综合考虑上述问题后，企业根据自身在市场中所处的地位不同，从市场主导者、市场挑战者、市场追随者、市场补缺者的角度出发，可以选择不同的市场营销组合策略。

1. 市场主导者

如果企业不但拥有相关产品最大的市场份额，而且在价格升降、新产品的导入、分销渠道及促销强度上都占据支配地位，那么这种地位也需要在动态竞争中不断地维护。面对实力渐强的挑战者，居于市场主导地位的企业可以适当采取一些防御措施以巩固自身优势。

（1）阵地防御。企业集中所有资源来保护现有的产品和市场。

（2）侧翼防御。通过建立侧翼阵地来保护空虚的领地并可用于反击。

（3）先发防御。一旦竞争者市场占有率达到某一危险值，企业就率先发起进攻或对所有竞争者实施全面打击。

（4）反击防御。面对竞争者的降价、大规模促销、产品更新或抢占分销渠道等措施，主导企业可选择正面迎击或侧面迎击等反击策略。

2．市场挑战者

其市场位置仅次于主导者，同样具有很强实力的企业，进攻性的策略可以帮助企业夺取行业领先的地位。

（1）价格折扣。企业以较低的价格争夺顾客群。

（2）产品革新。企业通过对产品的样式、特色进行创新来吸引更多的消费者。

（3）改进服务。企业不断提升服务标准以得到顾客的信赖。

（4）分销渠道革新。开发新的分销方式或建立新的分销渠道。

（5）密集促销。企业通过推行大密度的广告和促销来引发竞争。

3．市场追随者

在钢铁、化工、建材等产品差异性小且价格敏感度强的行业，多数企业会选择维护相对稳定的竞争环境的策略。

（1）紧紧跟随。企业在细分市场上及相应的市场营销策略上仿效主导者。

（2）有距离跟随。企业在市场营销组合如产品创新、定价及分销渠道上跟随主导者并保持一定程度的差异。

（3）有选择地跟随。企业在跟随的同时有些方面保留自己的特色。

4．市场补缺者

行业中的小企业或某些大中企业内的小部门，通过开发被大企业忽略的某些细分市场求得生存和发展。

（1）用户专业化。企业专门为某一类型的用户提供服务。

（2）地理市场专业化。企业将经营范围限定于某一特定地区。

（3）产品或产品线专业化。企业只经营某一种或某一类产品。

（4）质量、价格专业化。企业只在市场的底层或顶层经营。

（5）销售渠道专业化。企业只使用少数销售渠道向顾客提供服务。

以上只是给出了一个大致方向，具体的实施方案还要结合本企业的实际情况，综合运用 4P 理论。

本章小结

市场细分是指企业根据消费者的购买行为与购买习惯的差异性，将某一特定产品的整体市场分割为若干消费群体，以选择和确定目标市场的活动。它运用的是求大同存小异的方法。市场细分不是对产品进行分类，而是对同种产品需求差异的分类。

目标市场就是通过市场细分后，企业准备以相应的产品和服务满足其需要的一个或几个子市场。企业所选择和确定的对象，即企业能够为之提供有效产品和服务的顾客群。其必要性是由消费者需求的多样性和企业资源的有限性决定的。

市场定位就是企业根据目标市场上同类产品的竞争状况，针对顾客对该类产品的某些特征或属性的重视程度，为本企业产品塑造强有力的与众不同的鲜明个性，并将其形象、生动地传递给顾客，求得顾客的认同。

市场营销组合是指企业针对选定的目标市场综合运用各种可能的市场营销策略和手段，

组合成一个系统化的整体策略，以达到企业的经营目标，并取得最佳的经济效益。对企业可控制的四个市场基本因素——产品、价格、分销渠道、促销进行有机地组合称为4P理论，它具有可控性、可变性、复合性、整体性、目标性的特点。从市场主导者、市场挑战者、市场追随者、市场补缺者的角度出发，可以选择多种市场营销组合策略。

习题 3

一、单项选择题

1. 在产品寿命周期的成熟期，宜实行（　　　）。

　A. 差异性市场营销策略　　　　　　　B. 无差异性市场营销策略

　C. 集中性市场营销策略　　　　　　　D. 大数量市场营销策略

2. 化妆品、钟表等产品的差异性大，属于异质产品，企业经营这些产品时适于选择的目标市场营销策略是（　　　）。

　A. 无差异性市场营销策略　　　　　　B. 差异性或集中性市场营销策略

　C. 刺激性市场营销策略　　　　　　　D. 同步性市场营销策略

3. 避强定位策略的优势在于（　　　）。

　A. 投资大，获利多　　　　　　　　　B. 能与竞争者抢占共同市场

　C. 风险小，成功率较高　　　　　　　D. 有利于标准化大规模生产

4. 中小企业常用的市场定位策略是（　　　）。

　A. 迎头定位　　　B. 避强定位　　　C. 侧翼定位　　　D. 重新定位

5. "劳力士"产品多属高价位，请众多国际影星为其拍广告，它所采用的市场定位策略是（　　　）。

　A. 文化定位　　　B. 档次定位　　　C. 利益定位　　　D. 特色定位

二、判断题（正确的画"√"，错误的画"×"）

1. 市场细分是由英国市场营销学家德温尔·斯密首先提出的一个新概念。（　　　）

2. 市场细分的标准越多，越有利于企业选择目标市场。（　　　）

3. 美容美发、化妆品、珠宝首饰、服装等许多行业，一般主要按年龄来细分市场。（　　　）

4. 目标市场就是通过市场细分后，企业准备以相应的产品和服务满足其需要的一个或几个子市场。（　　　）

5. 高度同质性的市场，或者在产品市场寿命周期的初期先入市者独家经营等条件下宜采用差异性市场营销策略。（　　　）

6. 一般资金雄厚、创新能力强及经营水平高的大企业多采用无差异性市场营销策略。（　　　）

7. 避强定位方式市场风险较小，成功率较高，常常为多数企业所采用。（　　　）

8. 购买者对产品的购买时间、购买数量、购买频率、购买习惯等标准属于心理因素变量。（　　　）

9. 市场营销组合是指企业针对选定的目标市场综合运用市场营销策略和手段，组合成一个系统化的整体策略，以达到企业的经营目标，获取最佳的经济效益。（　　　）

10. 在钢铁、化工、建材等行业，多数企业会选择市场补缺策略。（　　　）

三、思考题

1. 什么是市场细分？消费者市场细分的标准有哪些？

2．有效的市场细分的程序是什么？

3．什么是目标市场？三种目标市场营销策略各有什么特点？

4．选择目标市场营销策略时应考虑哪些基本因素？

5．什么是市场定位？如何选择市场定位策略？

6．什么是市场营销组合？在市场上处于不同地位的企业是如何制定市场营销组合策略的？

案例分析 3

"狗不理"杭州失宠

当杭州南方大酒店创下日销包子一万个的新纪录时，杭州"狗不理"包子店却将楼下 2/3 的营业面积出让给服装企业。尽管营业面积大大缩小，可杭州"狗不理"依然是"门前冷落车马稀"。

【案例分析】

杭州"狗不理"包子店是天津"狗不理"集团在杭州开设的分店，地处商业黄金地段，包子当然正宗。

"狗不理"以其鲜明的特色（薄皮、水馅、滋味鲜美，咬一口汁水横流）享誉神州，而"狗不理"在杭州受挫的原因恰恰就是它自身的鲜明特色：

①"狗不理"不符合杭州人的口味。这种包子馅比较油腻，而杭州人大都喜欢清淡食物，因此很少有人将"狗不理"包子作为经常性快餐享用。

②"狗不理"不符合杭州人的生活习惯。杭州人把包子当作一种便捷的快餐来对待，为赶时间，往往边吃边赶路，即使不赶时间，也有边吃边逛街的习惯。而狗不理包子由于水馅、薄皮，咬则流汁，所以不能拿在手里吃，只能坐下来，用筷子慢慢地吃。

【案例思考】

1．造成天津"狗不理"在杭州失宠的原因是什么？

2．一个企业为什么要进行市场定位？

3．如何对"狗不理"进行重新定位？

实训 3

实战演习：帮助企业进行产品市场定位

主　　题：产品市场定位

目　　的：① 用理论指导实践，同时在实践中检验理论。

　　　　　② 通过各种渠道搜集信息，培养学生养成良好的学习习惯，掌握良好的学习方法。

实施方案：① 教师和学生可以了解某些企业新产品的开发情况，或某些准备进入本地市场的产品情况，以确定定位对象。

　　　　　② 让学生多方位地搜集并分析该企业、产品、主要竞争对手及市场的有关信息，进行产品市场定位的实际策划（包括定位于哪些方面、采用何种定位策略等）。

③ 每位学生针对产品的定位情况，写一句产品的广告语用于宣传。

④ 将学生最后形成的最优方案（策划书）呈送企业，搜集反馈意见。

建　议：① 由于学生的能力和时间有限，策划书的拟写可以由几个学生共同完成。

② 评比选出最优方案，由教师和学生共同参与，但应以学生意见为主，因为是检验学生运用知识的情况。

③ 根据情况，还可以让学生参与一些征集广告语的活动，这也需要学生灵活、正确地运用本章知识，从而进一步加强实战能力。

第4章 市场调查与预测

知识要点

❖ 市场调查与预测的概念。

❖ 市场调查与市场预测的关系和区别。

❖ 市场调查的方法与技巧。

❖ 市场预测的方法。

能力要点

❖ 准确地理解市场调查和市场预测的概念。

❖ 掌握市场调查和市场预测的基本方法和技巧。

引例4

"亨氏"调研：在中国市场上投石问路：美国亨氏集团在国际市场上久负盛誉，其产品行销许多国家和地区。美国亨氏集团为使产品适应中国市场环境，展开了全面的市场调研。首先，亨氏集团请广州有关的企事业单位协助召开了母亲座谈会，以掌握母亲对婴儿食品的要求和见解，并据此试制了一些样品请母亲给婴幼儿试用。他们还在一些幼托单位和家庭中免费提供样品试用，以广泛征求社会各界对婴幼儿食品的意见和要求。亨氏集团前后反复调查了五次，询问以下几个问题：（1）你喜欢和不喜欢的婴幼儿食品有哪些？（2）本公司生产的婴幼儿食品味道如何？（3）该产品的甜度要怎样改进？（4）该产品的包装好不好？（5）该产品的价格是否合理？

亨氏集团征集了上千人的意见。根据市场调查的可靠数据，他们了解到原产品含糖量较低，而中国的大多数家庭喜欢给婴儿试用甜度较高的哺乳品；产品价格较高，主要是包装材料费用大，不适应中国消费者的购买力水平。因此，亨氏集团重新制定了"亨氏婴儿营养奶粉"和"亨氏高蛋白奶粉"的配方规格和价格。尤其是该公司了解到中国儿童食品中缺少微量元素，从而造成营养不平衡的现状，他们在奶粉中加入了少量的钙质和铁质，使得产品更具诱惑力（见图4-1）。

图4-1 亨氏婴幼儿食品

　　成功的市场调查是企业市场营销活动的一项重点内容，那么什么是市场调查？该如何进行市场调查呢？

4.1 市场调查的内容

　　市场调查是随着商品经济的发展逐步形成的一种了解市场、认识市场的重要经济活动。随着我国市场经济的逐步完善，市场竞争日益加剧，市场调查也就越发显得重要。

4.1.1 市场调查的含义及作用

1．市场调查的含义

　　市场调查是运用科学方法，有目的地系统搜集、记录、整理和分析市场的信息资料，从而认识市场发展变化的现状和趋势，为市场预测、经营决策提供科学依据。这一定义包含了以下几层意思。其一，市场调查是一种有目的、有意识地认识市场的活动，有明确的目的性。其二，市场调查的具体对象是市场体系，即市场主体（如家庭、个人、政府、企业）、市场客体（消费品和生产要素）、市场媒体（货币、价格、信息）等。其三，市场调查需要借助一定的科学方法，包括观察法、访问法、实验法等。其四，市场调查是为企业的市场预测和经营决策服务的。市场调查是一种认识市场的手段，它最终是为企业的经营决策服务的。其五，市场调查的任务是搜集和记录市场信息。

2．市场调查的作用

　　1）市场调查是企业经营决策的重要依据

　　经营决策贯穿于企业的整个市场营销活动中，如企业要不要开发新产品、开发什么新产品、产品如何扩大销量、选择什么样的促销形式、产品如何定价等，都需要企业经营管理者做出决策。而经营决策要正确，需要掌握大量的市场信息资料。没有大量的第一手市场信息资料作为依据，企业的经营决策就是盲目的，就可能做出错误的决策。而市场调查是获取第一手市场信息资料的主要途径。从这个意义上说，市场调查是企业经营决策的重要依据。企业经营决策的正确与否，直接关系到整个企业的生存和发展，而市场调查是企业进行经营决策的前提条件和基础。

　　2）市场调查是提高企业竞争力的重要保证

　　一个企业竞争力的大小，在很大程度上取决于其产品的市场占有率。一个企业只有不断生产、销售适销对路的产品，才会受到消费者和用户的欢迎，才能获得较高的市场占有率。当前，市场供求关系已由卖方市场转向买方市场，商品销售已成为企业存亡、兴衰的关键。在这样的市场条件下，企业仍抱着旧的经营观念，即认为产品质量好、价格合理就不愁没有市场，则迟早会被激烈的市场竞争所淘汰。只有通过科学的市场调查，真正了解消费者的各种需求及潜在需要，了解不同顾客群需求上的差异，不断开发、生产和销售消费者真正需要的产品，企业才能生存与发展下去，才能提高企业的市场竞争力。

　　总而言之，企业要提高产品的竞争力，扩大产品在市场上的销量，产品质优价廉固然重要，但更重要的是商品要适销对路，而要做到这一点，就必须依靠市场调查。

3）市场调查是提高企业经济效益的重要前提

在商品的生产和流通过程中，市场不断出现新情况、新变化、新趋势，企业如果不掌握市场变化，就不能在经营过程中掌握主动权。只有通过市场调查，掌握市场动向，才能从实际出发，制订正确的市场营销计划和市场营销策略，掌握经营的主动权，从而提高企业的经济效益。例如，企业在市场调查中，通过对产品销售数量的多少与增长变化趋势及产品普及率的分析，可判断出产品的市场寿命周期，从而可根据其寿命周期的不同阶段制定不同的市场营销计划和策略，促进产品的更新换代。同时，企业在市场调查中，还可以了解产品的使用情况，搜集消费者或客户对产品的反馈意见。认真分析这些信息，既可以为改进产品性能和提高产品质量提供依据，也可以为开发新产品提供思路。

4.1.2 市场调查的程序

市场调查是一项涉及面广且比较复杂的认识活动。要顺利地进行市场调查，确保调查质量达到预期目标，必须科学安排市场调查过程中的各项工作。

1. 明确市场调查的任务

明确市场调查的任务是整个市场调查工作的起点。明确市场调查的任务，主要明确为什么要进行此项调查；通过调查要获取哪些市场信息、资料，调查结果有何用途。提出问题，是明确市场调查任务的前提。一般情况下企业的问题主要涉及以下两个方面。

1）企业未来的发展方向

企业进一步发展需要更深层次地了解市场的规模和结构，如有关新产品的开发问题，新产品的需求量、市场潜力和发展前景等情况。

2）企业生产与经营中遇到的困难

企业在生产与经营过程中，会遇到这样或那样的困难，如销售不畅造成产品积压、资金呆滞、市场占有率下降等，企业需要找出产生问题的原因和解决问题的方法。

企业存在的问题被提出后，就有了一个大致的调查范围或方向。如果提出的问题比较笼统，就必须对问题进行分析，找出具体问题。

2. 制定市场调查的方案

在市场调查的任务明确后，接下去是围绕市场调查的任务制定市场调查的具体方案。它是市场调查过程中最复杂的工作。市场调查方案的制定是对调查工作各个方面和全部过程的通盘考虑，包括整个调查工作过程的全部内容。市场调查方案主要包括下列几方面的内容。

1）确定调查目的和调查项目

确定调查目的是制定市场调查方案的首要问题。调查目的也称调查任务，就是企业市场调查所要达到的具体目标。确定调查目的，就是明确在调查中要解决哪些问题，通过调查要获得哪些资料。

2）确定调查对象

确定调查对象主要是为了解决向谁调查和由谁来具体提供资料的问题。调查对象就是根据调查目的、任务确定调查范围及所要调查的总体，它是由某些性质上相同的调查单位所组成的。

3）确定调查方式和方法

调查方式和方法主要包括方案调查法和实地调查法。一般来说，二手资料的获得，可以采取方案调查法；一手资料的获得，可以采取实地调查法。

4）确定调查人员

确定调查人员主要是确定参加市场调查人员的条件和人数，包括对调查人员的必要培训。

由于调查对象是社会各阶层的生产者和消费者，思想认识、文化水平差异较大，因此，要求市场调查人员必须具备一定的思想水平、工作能力和业务技术水平。具体地讲，要求市场调查人员应具备一定的文化基础知识，能正确理解调查提纲、表格、问卷内容，能比较准确地记录调查对象反映出来的实际情况和内容。

3．具体实施调查方案，进行实地调查

具体实施市场调查的方案，就是按照调查方案的要求去搜集市场信息资料，也就是进入实地调查过程。在整个市场调查工作中，搜集市场信息资料阶段是唯一的现场实施阶段，是获得市场第一手资料的关键阶段。在此阶段，市场调查的组织者必须集中精力做好外部协调工作和内部指导工作，力求以最少的人力、在最短的时间、以最好的质量完成搜集市场信息资料的任务。

4．整理资料，撰写市场调查报告

整理资料就是运用科学方法，对调查资料进行审核、分类和分析，使之系统化、条理化，并以简明的方式准确反映所调查问题的真实情况。

审核就是对所搜集到的资料进行检验、检查，验证各种资料是否真实可靠、合乎要求，剔除调查中取得的不符合实际的资料。具体做法是：首先，检查调查资料的真实性和准确程度。真实性检验既可以根据以往的实践经验对调查资料进行判断，也可以通过各种数字运算来进行检查，如检验各分组数字之和是否等于总数。其次，要检查所搜集到的资料是否齐全，有无重复或遗漏。图 4-2 所示是武汉市居民住房户型需求比例数据。

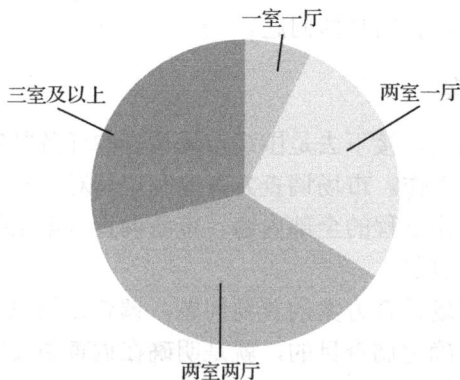

图 4-2　武汉市居民住房户型需求比例数据

从图 4-2 可以看出，两室和三室在居民住房户型的需求中所占的比重最大，所有商家更加热衷于开发两室和三室的户型，究其原因，市场的需求直接主导其供应。

4.2　市场调查的方法、策略和技巧

任何市场调查都要借助一定的调查方法。市场调查方法是指市场调查者在实际调查过程中搜集各种市场信息资料时所采用的各种方法的统称。

4.2.1　市场调查的方法

市场调查中经常采用的方法有：实地调查法、实验调查法、网络调查法、抽样调查法、文案调查法。

1．实地调查法

实地调查法是最常用的市场调查方法，主要包括访问调查法、观察调查法等。在进行调查时，科学地设计调查表，有效地运用个人访问技巧是此方法成功的关键。

调查表反映企业决策的思想，它是本企业市场营销部门最关心且最容易得到重要信息的来源之一。因此要想达到理想的市场调查效果，就必须设计好调查表。

设计调查表应注意以下事项：一是问题要短，因为较长的问题容易被调查者混淆。二是调查表上每一个问题只能包含一项内容。三是问题中不要使用太专业的术语，因为一般的消费者不理解这些专业术语。四是问题答案不宜过多，问题的含义不能模棱两可。一个问题只代表一件事，只有一个答案。五是注意提问的方式。有时采用间接方式反而会得到更好的答案。例如，最近房地产公司为了销售某一处商品房做了不少广告，调查员想知道这些广告效果时，与其直接询问被调查者的看法如何，还不如用迂回的方式去了解他们有多少人知道该处的房产情况。

以下是为某校学生设计的电热水器调查问卷，供参考。

"电热水器的科学探究及市场调查"课题调查问卷

各位先生、女士：

为了落实我校研究性学习课程，培养学生自主学习能力及实践创新能力，我们"电热水器科学探究及市场调查"课题研究小组设计了一份市场调查问卷，请您根据实际情况填写，谢谢合作！

① 常见电热水器的种类有哪些？（填写 2～3 个）

＿＿＿＿＿＿＿、＿＿＿＿＿＿＿、＿＿＿＿＿＿＿。

② 常见的电热水器热销品牌有哪些？（填写 2～3 个）

＿＿＿＿＿＿＿、＿＿＿＿＿＿＿、＿＿＿＿＿＿＿。

③ 您购买电热水器能承受的价格范围是（　　　）。

　　A．800 元以下　　B．800～999 元　　C．1 000～1 500 元　　D．1 500 元以上

④ 如果您已购买了电热水器，若再次购买，会选择哪种品牌的电热水器？（填写 1～2 种）＿＿＿＿＿＿＿、＿＿＿＿＿＿＿。

⑤ 您对电热水器功能的认识是（　　　）。

　　A．越多越好　　B．实用为宜　　C．操作要方便　　D．功能要先进

⑥ 您购买电热水器的主要依据是（　　　）。

　　A．功能要齐全　　B．内胆质量要好　C．价格要低　　D．售后服务要好

各种调查方法，均有优点和缺点。

课堂活动：
　　请使用"微信"或"QQ"小程序"趣问卷"来做一次问卷调查吧！

在实践中，观察调查法在以下几个方面运用得比较广泛。

（1）商品资源观察。有经验的市场调查人员可通过观察了解工农业生产状况，判断商品资源情况，撰写市场商品供求数量的报告。如通过观察农作物（包括粮食作物、蔬菜、水果等）的田间生长情况和气候变化情况，判断农作物的产量，从而撰写农副产品资源数量报告。

（2）营业现场观察。商业企业营业现场既是顾客选购商品的场所，又是售货员出售商品、提供服务的场所。通过营业现场观察，可以了解多方面的资料信息。

例如，通过观察售货员接待顾客的服务方式、接待频率、成交率等，掌握吸引顾客的最佳服务方式。

（3）商品库存观察。通过对库存场所的观察，了解库存商品的盘点计数及商品进出口种类和频率的记录，判断商品的分类结构和商品的储存条件，计算储存成本，为确定合理的库存结构提供依据。

2. 实验调查法

实验调查法是指在市场调查中，通过实验对比来取得市场情况第一手资料的调查方法。它是由市场调查人员在给定的条件下，对市场经济活动的某些内容及其变化加以实际验证，以此衡量其影响效果的方法。

实验调查法是从将自然科学中的实验求证理论移植到市场调查中来的，但是对市场上的各种发展因素进行实验，不可能像自然科学中的实验一样准确。例如，在实验调查期间，社会再生产过程中生产、分配、交换、消费等任何因素的变化，都会不同程度地反映到市场上来，从而影响实验调查的效果。尽管如此，通过实验调查法取得的市场情况第一手资料，对预测未来市场的发展还是有很大帮助的。

一般来讲，改变商品品质、商品包装，调整商品价格，推出新产品，改变广告形式、内容和商品陈列情况等，都可以采用实验调查法来测试其效果。

案例： 美国一家咖啡店准备改进咖啡杯的设计，为此进行了市场实验。首先，他们进行咖啡杯选型调查，他们设计了多种咖啡杯，让500个家庭主妇进行观摩评选，研究主妇们用干手拿杯子时，哪种形状好；用湿手拿杯子时，哪一种不易滑落。调查研究结果，选用四方长腰果形杯子。然后对产品名称、图案等，也同样进行造型调查。接着他们利用各种颜色会使人产生不同感觉的特点，通过调查实验，选择了颜色最合适的咖啡杯。他们的方法是，首先请了30多人，让他们每人各喝4杯相同浓度的咖啡，但是咖啡杯的颜色，则分别为咖啡色、青色、黄色和红色4种。试饮的结果，使用咖啡色杯子的人都认为咖啡"太浓了"的占2/3，使用青色杯子的人都异口同声地说"太淡了"，使用黄色杯子的人都说"不浓，正好。"而使用红色杯子的10人中，竟有9人说"太浓了"。根据这一调查，公司咖啡店里的杯子以后一律改用红色杯子。该店借助于颜色，既可以节约咖啡原料，又能使绝大多数顾客感到满意。结果这种咖啡杯投入市场后，与市场上的其他公司的产品展开激烈竞争，以销售量比对方多两倍的优势取得了胜利。

3．网络调查法

澳大利亚某出版公司的网络问路

澳大利亚某出版公司计划向亚洲推出一本畅销书，但是不能确定用哪一种语言、在哪一个国家推出。后来决定在一家著名的网站做一下市场调查。方法是请人将这本书的精彩章节翻译成多种亚洲语言，然后刊载在网上，看一看究竟用哪一种语言翻译的摘要内容最受欢迎。过了一段时间，他们发现，网络用户访问最多的网页是使用中文的简化汉字和朝鲜文字翻译的摘要内容。于是他们跟踪一些留有电子邮件地址的读者，请他们谈谈对这本书的摘要的反馈意见，结果大受称赞，于是该出版公司决定在中国和韩国推出这本书。书出版后，受到了读者普遍欢迎，获得了可观的经济效益。

1）网络调查法的含义

网络调查法也叫网上调查法，是指企业利用互联网了解和掌握市场信息的方式。与传统的调查方法相比，在组织实施、信息采集、调查效果方面具有明显的优势。

网络调查法是通过互联网、计算机通信和数字交互式媒体，按照事先已知的被调查者的E-mail 地址发出问卷搜集信息的调查方法。网络调查的大规模发展源于 20 世纪 90 年代。网络调查具有自愿性、定向性、及时性、互动性、经济性与匿名性。

2）网络调查的优点、缺点

网络调查的优点：组织简单，费用低廉，客观性好，不受时空与地域限制，速度快。

网络调查的缺点：网民的代表性存在不准确性，网络的安全性不容忽视，受访对象难以限制。

随着我国互联网事业的进一步发展，网络调查得到了更广泛的应用。

3）网络调查法的分类

根据调查方法的不同，网络调查可分为网上问卷调查法、网上讨论法等。

（1）网上问卷调查法。网上问卷调查法是在网上发布问卷，被调查对象通过网络填写问卷，完成调查。根据所采用的技术，网上问卷调查一般有两种：一种是站点法，即将问卷放在网络站点上，由访问者自愿填写；另一种是用 E-mail 将问卷发送给被调查者，被调查者收到问卷后填写问卷，然后提交，问卷答案则回到指定的邮箱。被调查者在填写问卷时甚至不用上网，他们可以将电子邮件下载下来，在发送结果时上线提交即可。电子邮件调查有局限性：问卷的交互性很差，并且数据的处理会很麻烦，每份问卷的答案都是以邮件形式发回，必须重新导入数据库进行处理。这种网上问卷调查法是最常用的方法，它比较客观、直接，但不能对某些问题进行深入的调查和分析。

（2）网上讨论法。网上讨论法可通过多种途径实现，如网页端（HTML）和移动端（QQ\微信）等。主持人在相应的讨论组中发布调查项目，请被调查者参与讨论，发布各自观点和意见；或是将分散在不同地域的被调查者通过互联网视讯会议功能虚拟地组织起来，在主持人的引导下进行讨论。网上讨论法是小组讨论法在互联网上的应用。它的结果需要加以总结和分析，对信息收集和数据处理的模式设计要求很高，难度较大。

4．抽样调查法

抽样调查法是指从研究对象的全部单位中抽取一部分单位进行考察和分析，并用这部分单位的数量特征去推断总体的数量特征的一种调查方法。其中，被研究对象的全部单位称为

"总体"；从总体中抽取出来实际进行调查研究的那部分对象所构成的群体称为"样本"。在抽样调查中，样本数的确定是一个关键问题。抽样的方式，有随机抽样和非随机抽样两大类。

抽样调查法可以分为以下几类：

（1）简单随机抽样法。简单随机抽样法是一种最简单的一步抽样法，它是从总体中选择出抽样单位，从总体中抽取的每个可能样本均有同等被抽中的概率。抽样时，处于抽样总体中的抽样单位被编排成 $1\sim n$ 编码，然后利用随机数码表或专用的计算机程序确定处于 $1\sim n$ 的随机数码，那些在总体中与随机数码吻合的单位便成为随机抽样的样本。这种抽样方法简单，误差分析较容易，但是需要样本容量较多，适用于个体之间差异较小的情况。

（2）系统抽样法。系统抽样法又称顺序抽样法，是从随机点开始在总体中按照一定的间隔（即"每隔第几"的方式）抽取样本。此方法的优点是抽样样本分布比较好，总体估计值容易计算。

（3）分层抽样法。分层抽样法是根据某些特定的特征，将总体分为同质、不相互重叠的若干层，再从各层中独立抽取样本，是一种不等概率抽样。分层抽样利用辅助信息分层，各层内应该同质，各层间差异尽可能大。这样的分层抽样能够提高样本的代表性、总体估计值的精度和抽样方案的效率，抽样的操作、管理比较方便。但是抽样手续较复杂，费用较高，误差分析也较为复杂。此方法适用于母体复杂、个体之间差异较大、数量较多的情况。

（4）整群抽样法。整群抽样法是先将总体单元分群，可以按照自然分群或按照需要分群，在交通调查中可以按照地理特征进行分群，随机选择群体作为抽样样本，调查样本群中的所有单元。整群抽样样本比较集中，可以降低调查费用。例如，在进行居民出行调查中可以采用这种方法，以住宅区的不同将住户分群，然后随机选择群体作为抽取的样本。此方法的优点是组织简单，缺点是样本代表性差。

抽样调查法的主要优点如下：

（1）抽样调查法可以减少调查的工作量，调查内容可以求多、求全或求专，可以保证调查对象的完整性。

（2）可以从数量上以部分推算总体，利用概率论和数理统计原理，以一定的概率推算结果的可靠程度，起到全面认识调查总体的功能，可以保证调查的精度。

（3）抽样调查法是针对总体中的一部分单位进行的，因此可以大大减少调查费用，提高调查效率。

（4）搜集、整理数据、综合样本的速度快，保证调查的时效性。

抽样调查法的主要缺点是结果和真实值之间存在差异，即误差。

5. 文案调查法

1）文案调查法的概念和特点

文案调查法是指调查人员从各种文献、档案材料搜集有关历史和现实的各种市场经济活动资料的调查方法。文案调查法的调查对象是各种文献、档案中包含的信息资料。文献档案资料一般指图书、期刊、报纸、调查报告、政府文件等，也包括网络信息资料。

文案调查法最突出的特点是间接性。询问调查法、观察调查法、实验调查法的直接对象是消费者和用户，而文案调查法的直接对象不是消费者、用户，而是文献档案材料，是间接的第二手的市场资料。正因为如此，文案调查法也称为间接资料调查法，询问调查法、观察调查法、实验调查法属于直接资料调查法。文案调查法的另一个特点是无接触性，即它不直接接触被调查者，在调查过程中不存在与被调查者的人际关系。

2）文案调查中资料的来源

文案调查中资源的来源可分内部资料来源和外部资料来源两个方面，其中外部资料来源是主要的。

（1）外部资料是指企业之外的机构、团体、媒介等所提供的资料。

（2）内部资料是指企业内部各部门、机构保存的各种经营活动的资料。

3）文案资料获取的方法

文案资料获取的方法通常有有偿购买、索取、企业查找、交换等。

4）文案调查法的优、缺点

文案调查法的优点是调查人员只需花费较少的费用和时间就可以获得有用的信息资料。同时，文案调查法可以不受时间和空间的限制，通过文献档案资料的搜集和分析，不仅可以获得有价值的历史资料，还可以搜集到比直接调查范围更为广泛的多方面资料。资料都是书面形式的，不受调查人员和被调查者主观因素的干扰，反映的信息内容更为真实、客观。

案例：日本某公司为了使产品能打入美国市场，就专门查阅了美国的有关法律和美国进出口贸易的法律条款。查阅后得知，美国为了限制进口、保护本国工业，在进出口贸易法律条款中规定：美国政府收到外国公司商品报价单，一律无条件地提高 50%。而在美国法律中，本国商品的定义是"一件商品，美国制造的零件所含的价值，必须在这一商品总价值的 50%以上。"这家日本公司针对这些规定，想出一条对策：生产一种具有 20 种零件的商品，在本国生产 19 种零件，在美国市场上购买一种零件，这一零件的价值最高，其价值比率在 50%以上，在日本组装后再送到美国销售，就成了美国国内的商品，就可以直接和美国公司竞争。

4.2.2　市场调查的策略和技巧

市场调查的策略和技巧有很多，下面着重介绍两种常见技巧。

1. 市场调查中的访问技巧

为了适应市场的变化，企业越来越重视市场调查工作。市场调查的方法有很多，其中以访问调查、面谈调查应用最广，如入户访问、街上拦截访问等。在访问调查中，访问员是一个颇为重要的角色，他们的穿着、语气、表情、询问方式等都关系到调查能否顺利进行，因此必须掌握一定的技巧。访问调查包括以下几个阶段。

1）获得合作

访问员的首要任务是获得被访问者的合作，而访问员面对的是不同阶层、不同年龄的被访者，他们并不认识访问员，因此，访问员仪表端庄，用语得体，口齿伶俐，态度谦和，给人以亲切感，才能使被访问者较易放心地接受访问。

自我介绍是访问开始时的重要步骤之一，访问员应使被访者感到他（她）是可信的，以下是一个自我介绍的例子：

"您好！我叫×××，是××中专的学生，我们正在进行一项有关消费品的研究，而贵住户被抽为代表之一，我需占用您一些时间，向您了解有关问题的看法，希望给予合作。"

通过给出姓名，访问显得更具私人性；访问人员也可带着介绍信或有关证件，出示介绍信或证件表明研究是真实的，不是推销产品；使用大学（或市场调研公司）的名字，对被访者来讲，也意味着访问是可信的。

如果访问备有礼品，在访问开始时，访问人员可以委婉地暗示："我们将耽误您一点时间，届时备有小礼品或纪念品以示谢意，希望得到您的配合。"但切不可过分渲染礼品，以免让他（她）觉得难堪，有贪小便宜之嫌，反而拒绝接受访问；或者为了获取礼品，来迎合访问，尽说好话，从而影响访问的实际效果。

2）询问问题

在访问调查时，向被调查者询问问题是必不可少的，而访问人员掌握询问问题的技巧是非常重要的，因为这方面的偏差是访问调查误差的一个重要来源。

询问问题的主要技巧如下：

（1）用问卷中的用词来询问。

（2）慢慢地读出每个问题。

（3）按照问卷中问题的次序发问。

（4）详细地询问问卷中的每个问题。

（5）重复容易被误解的问题。

如果被访问者不理解问题中的一些概念，他们通常会要求予以澄清，如果访问指导上没有要求做出特别的解释，访问人员不得随意解释。但有时访问人员用自己的理解随便做出解释，有可能造成访问偏差，因为每个访问人员的解释可能并不一样，建议访问人员采用的方法是重复问题或回答"正如您想的那样好了"。

3）适当追问

追问是进行开放性问题调查的一种常用技术，开放性问题对访问人员来讲具有更大的难度，但开放性问题可以让被访问者充分发表意见，使调查获取更多的信息。

追问可以分为两类，一类是勘探性追问，另一类是明确性追问，即澄清。前者是在被访问者已经回答的基础上，进一步挖掘、询问问题的方法，目的在于引出被访问者对有关问题的进一步阐述；后者是让被访问者对已回答的内容做进一步详细的解释，目的在于进一步明确被访问者给出的答案。下面是两个追问的例子。

问：您为什么喜欢这种电动工具呢？

第一次回答：外观漂亮。

追问：除此之外，您还喜欢什么呢？

第二次回答：手感好。

追问：还有吗？

第三次回答：没有了。

追问的目的是鼓励被访问者积极回答，这些追问应当是中性的，不应当有任何提示或诱导。

2. 问卷设计的技巧

要使调查问卷达到其搜集信息的目的，应该让被访问者轻松理解问句的意思，愿意如实地回答，并提供确切的信息。因此，问卷设计的技巧就尤为重要。

谁都不会否认，向幼儿园小朋友询问应该区别于向成年人询问，不仅问句的结构要简单，而且用词也要尽可能简单化。同样的道理，市场调查中所涉及的每个被访问者也各不相同，无论是文化、道德、修养，还是职业和生活习惯都不一样，有时甚至差别很大。

在做问卷调查时，会遇到许多难题，需要调研人员加以克服，这些难题体现在以下几个方面。

（1）被访问者不理解或误解了问句的意思，无法回答或所答非所问。

（2）被访问者不愿回答或不愿真实回答。

（3）被访问者记不清确切的信息。

（4）被访问者判定不了或说不出确切的信息。

（5）被访问者没有能力回答。

要克服这些难题，调查问卷的设计人员在积累实际经验的同时，掌握构造问句的原则和设计问句的技巧也是十分重要的。

课堂活动：
请使用本节所学的市场调查的技巧做一次模拟市场调查。

4.3 市场预测的含义和类型

4.3.1 市场预测的含义

1．预测

根据过去和现在去推测未来，由已知推测未知。预测不是臆测，是运用各种知识和科学手段，研究分析历史与现实资料，通过科学思维将现有认知延伸到未来，对所关心事物的发展趋势或可能结果进行事先推测和估计。

2．市场预测

市场预测是指在进行市场调研掌握市场信息的基础上，运用科学的预测方法，对市场发展的未来趋势进行分析、预计、测算和判断，得出符合逻辑的结论的活动和过程。

3．市场预测的必要性

企业的生产经营活动能否连续不断地进行并取得预期的经济效果，主要取决于产品在市场上销售的顺利程度。销售顺畅迅速，不仅可以加速资金周转，降低流通费用，提高经济效益，而且有助于增强企业的竞争能力。产品销售顺畅的前提条件是产品试销对路，即符合市场需要。这就要求企业加强市场预测，通过预测了解市场需求的动态变化，根据需求变动及时调整生产经营方向，向市场提供适销对路的商品。通过科学的市场预测，可以及时捕捉消费需求变化的信息，了解消费需求的构成状况及差异，运用有关预测方法、手段对消费需求的发展状态做出正确判断，指导生产按消费需求的变化不断进行调整。

4.3.2 市场预测的类型

依据不同的标准、角度来进行分类，市场预测有以下类型。

1．按预测的时间长短不同划分

（1）短期预测。短期预测的时间期限一般在一个季度内，如预测下个月冷饮的销售量。它主要为企业日常的生产经营计划服务，讲究预测的时效性。

（2）近期预测。近期预测的时间期限一般在一年内，如预测明年××产品的市场需求量。它为企业制订年度生产或经营计划服务，为采购原材料等生产要素、组织货源提供依据。

（3）中期预测。中期预测的时间期限一般在一年以上，五年以内。它为企业制定中期发展规划提供依据。

（4）长期预测。长期预测的时间期限在五年以上，它为企业发展的长远规划提供依据。

2．按预测的经济活动范围不同划分

（1）宏观市场预测。宏观市场预测是对整个国民经济发展前景和整个社会经济活动趋势的预测。宏观市场预测的主要内容有：国民生产总值及其增长态势、物价总水平及其变动、商品零售总额、商品需求总量、基本建设投资规模及其增长、新技术及新产品发展动向、消费结构变化等。宏观市场预测还包括世界范围的市场动态、商品结构、进出口贸易行情、国际金融市场对国际贸易的影响趋势等。宏观市场预测的直接目标是商品的全国性市场容量及其趋势变化，商品的国际市场份额及其变化。

（2）微观市场预测。微观市场预测主要是指企业对产品的市场需求量、销售量、市场占有率等内容的预测。微观市场预测的内容比较具体、细致，对指导企业的生产、经营活动有直接的影响和作用。

3．按商品的层次和用途不同划分

（1）单项商品预测。单项商品预测是对某种品牌、规格、花色、款式等具体商品的市场需求或销售量的预测。例如，对 25 寸（1 寸=0.033 米）彩色电视机各种品牌的需求预测。单项商品预测是十分具体细微的。

（2）同类商品预测。同类商品预测是对某一类别商品的市场需求量或销售量的预测。大的类别有生产资料的预测与生活资料的预测。每一类别又可分为较小的类别层次，如生活资料的预测可分为食品类、衣着类、日用品类、家电类等。按不同的用途与等级，上述各类生活资料还可分为更具体的类别层次，如家电类可分为电视机类、音响类、电冰箱类、微波炉类等。

（3）对象性商品预测。对象性商品预测是对某一类消费群体所需商品的需求量或销售量的预测。例如，对儿童玩具等需求的预测。又如，按消费者年龄、性别等不同，分为青年服装市场预测、女性服装市场预测等。

4．按预测的标志不同划分

（1）定性市场预测。定性市场预测是对市场有关事物未来发展变化的方向、态势的预测，它侧重于对事物未来变化的性质进行推测、估计，不在于揭示数量。例如，预测到今年××地区的啤酒市场将供大于求，这就是定性市场预测。

（2）定量市场预测。定量市场预测是对市场有关事物未来变化的规模、水平、速度、比例等数量方面进行推测、估计。例如，预测到今年××地区的啤酒市场供给超过需求达 30%。

定性市场预测和定量市场预测的区分不是绝对的。两者相互联系，定性市场预测是定量市场预测的前提，定量市场预测是定性市场预测的补充和深化。

此外，按预测的空间范围不同，分为全国性市场预测、地区性市场预测和本地市场预测等。

4.4 市场预测的原则和程序

4.4.1 市场预测的原则

市场预测的原则是市场预测活动的指导思想，它阐明了人们为什么通过各种预测方法能够对市场未来的发展变化做出估计和推测，而且这种预测有一定的科学性。

1. 连续性原则

连续性原则是指市场的现象和事物发展具有一定的延续性，未来的市场需求状况是由过去发展至今天的现状下发展起来的，是今天的延续和发展，因此可以根据市场的过去和现在，预测市场的未来。市场预测之所以贯穿了连续性原则，这是因为，一切社会经济现象都有它的过去、现在和未来。没有一种事物的发展会与其过去的行为没有联系，过去的行为不仅影响现在，还会影响未来。换言之，一切社会经济现象的存在和发展具有连续性。

2. 类推原则

类推原则是指许多事物相互之间在发展变化上常有类似之处。利用预测对象与其他事物的发展变化在时间上有前后不同，但在表现上有类似之处的特点，人们有可能根据已知事物的基本类似的结构和发展模式，通过类推的方法对后发展事物的前景做出预测。例如，世界许多国家在人均国民生产总值达 1 000 美元后，汽车、住宅成为人们的消费热点。根据这一经济发展规律可以预测，我国在人均国民生产总值达 1 000 美元后，汽车和住宅将成为我国今后一段时期的消费热点。

3. 相关原则

相关原则是指市场中许多现象和事物是彼此关联的，利用这种关联可以进行市场预测。例如，婴儿食品的需求和婴儿的人数有很强的关联性，若掌握了未来婴儿出生的数量，就可预测婴儿食品的需求量，这就是市场预测的相关性原则。相关性原则体现了唯物辩证法因果关系的观点。

4.4.2 市场预测的程序

市场预测是指在市场调查的基础上，确定预测目标，搜集资料，分析、判断，选择预测方法，建立预测模型，得出预测结论的复杂过程。

1. 确定预测目标

确定预测目标是进行市场预测首先要解决的问题。要完成一项市场预测，首先要明确预测的目的是什么，预测的对象是什么。只有预测目标明确，才能根据预测目标，有意识地去搜集各种资料，采用预测方法进行预测。

确定预测目标，就是要明确预测的目的和要求。确定了预测目标，整个市场预测工作就有了明确的方向和内容。例如，某地区为制定小轿车生产行业的长远规划，开展了该地区 2011

年家庭小轿车需求的预测。该项预测目标明确，预测对象是小轿车，预测项目涉及居民家庭小轿车的需求量预测、影响居民小轿车需求的各种因素的预测。该项预测属于长期的市场预测。

2．搜集资料

科学的市场预测，必须建立在掌握充分的市场资料的基础上。预测目标确定后，要围绕预测目标，广泛搜集各种历史和现实资料。围绕市场预测的目标，搜集市场资料，要力求资料的完整性、可靠性、准确性和适用性。

现实资料是指当前正在发生的有关经济和社会活动的各种资料。它主要通过实地调查方法，如对消费者的口头访问或问卷调查、观察调查来获得。通过对现实资料的分析、研究，可以了解预测对象的现实状况。

3．分析、判断

分析、判断是指对搜集的历史资料和现实资料进行综合分析，对市场未来的发展变化趋势做出判断，为选择预测方法，建立预测模型提供依据。

4．选择预测方法，建立预测模型

市场预测要依赖预测方法。根据预测目标，在对有关资料进行分析、判断后，就要选择预测方法。预测方法的选择是否适当，将直接影响预测结果的可靠性。预测方法有很多，大体上可分为定性预测方法和定量预测方法两大类。根据所用的预测方法建立数学模型，以表征预测目标同各影响因素之间的关系，进而用数学方法确定预测值。

4.5 市场预测方法

市场预测方法多达百种以上，按预测方法的性质、作用不同，可以分为定性预测方法和定量预测方法。

4.5.1 定性预测方法

定性预测方法是指预测者通过市场调查掌握有关资料，依靠个人实践经验、知识和分析能力，对市场未来变化的趋势、性质做出判断，再以判断为依据进行量的测算。定性预测方法也叫判断分析预测法。定性预测方法的应用，主要取决于预测者掌握的实际资料、个人的知识和经验及分析和判断能力。

4.5.2 定量预测方法

定量预测方法是指预测者在掌握比较充分的资料基础上，运用数学知识和方法，对市场未来的变化趋势进行数量估计和测算。定量预测方法有两个特点：其一是依靠历史资料数据，重视数据的作用和定量分析。其二是要建立一定的数学模型，作为定量预测的工具。

定量预测方法是将数学统计知识与市场预测实践相结合而形成发展起来的。定量预测方法分为时间序列分析预测法和因果关系分析预测法。

本章小结

市场调查是运用科学方法，有目的地系统搜集、记录、整理和分析市场信息资料，从而认识市场发展变化的现状和趋势，为市场预测、经营决策提供科学依据。市场调查是企业经营决策的重要依据。市场调查的程序：明确市场调查的任务；制定市场调查的方案；具体实施调查方案，进行实地调查；整理资料，撰写市场调查报告。市场调查中经常采用的方法有：实地调查法、实验调查法、网络调查法、抽样调查法、文案调查法等。

市场预测是指在进行市场调查掌握市场信息的基础上，运用科学的预测方法，对市场发展的未来趋势进行分析、预计、测算和判断，得出符合逻辑的结论的活动和过程。

市场预测的程序：确定预测目标，搜集资料，分析、判断，选择预测方法，建立预测模型，得出预测结论。市场预测方法多达百种以上，按预测方法的性质、作用不同，可以分为定性预测方法和定量预测方法。

习题 4

一、单项选择题

1. 设计调查问卷时，（ ）不利于被调研者接受调研。

   A. 以开放式问题为主　　　　　　　　B. 以封闭式问题为主

   C. 提问尽可能详尽　　　　　　　　　D. 问题尽量简短

2. 不属于访问调查法的是（ ）。

   A. 面谈访问法　　　B. 电话访问法　　　C. 观察法　　　D. 实验法

3. 文案调查法的不足之处在于（ ）。

   A. 搜集不方便　　　B. 费时　　　C. 成本高　　　D. 时效性差

4. （ ）只能获得表面现象信息，而不能得知其发生的深层原因。

   A. 面谈访问法　　　B. 电话访问法　　　C. 观察法　　　D. 实验法

5. 文案调查是获取二手资料的重要手段，能为市场调研打下坚实的基础，它有很多方面的优点，以下属于其优点的是（ ）。

   A. 时效性差

   B. 二手资料往往是为其他目的搜集

   C. 二手资料的分析工作有一定程度上的难度

   D. 不受时间和空间的限制

二、判断题（正确的画"√"，错误的画"×"）

1. 市场调查及预测是运用了许多经济学、社会学、心理学和统计学的方法。（ ）

2. 在市场调查中进行调研的问题很多，通常可以通过一次调研就能把全部的问题有针对性地进行解决。（ ）

3. 制定调查方案是进行市场调查的重要步骤，它对调查起指导性作用，因此必须确定资料的来源才能更好地制定调查方案。（ ）

4. 在营销组合中产品的调研一定要考虑促销手段的调研。（ ）

5．市场调查非常重要，但使用正确的调查方法更重要。（　　）

6．文案调查法具有省时间、省费用的优点，然而，许多二手资料也存在严重缺陷。（　　）

7．实地调查法常用的就是观察法。（　　）

8．文案调查法通常是市场调查中获取信息的第一步。（　　）

9．制定调查方案是市场调查流程的第一步。（　　）

10．询问法是最常用的实地调查方法。（　　）

三、简答题

1．市场调查的含义是什么？

2．市场调查有何重要作用？

3．试分析市场调查的具体方法。

4．市场调查的策略和技巧有哪些？

5．市场预测的流程有哪些？

案例分析 4

向洋葱认输

麦当劳是世界上最大的快餐连锁店，2009 年 10 月 31 日午夜，麦当劳在冰岛结束这一天营业的同时，也结束了在冰岛长达 16 年的营业史，全面退出了冰岛市场。

麦当劳总部对此发布声明说，在冰岛开展业务是一项非常大的挑战。然而与此同时，麦当劳在冰岛的总经销商欧曼德森却表示，麦当劳在冰岛的生意一直十分兴隆："每到就餐时，汹涌的人潮是任何一个地方都没有的！"

既然生意这样好，麦当劳又为什么要选择退出呢？谁也想不到，让麦当劳认输的，不是同行业的竞争，而是冰岛的洋葱！

冰岛这个位于大西洋中的岛国，农业不发达，大部分农作物都来自德国，包括麦当劳里必不可少的原料——洋葱！然而，麦当劳于 1993 年决定在冰岛开设分店时，并没有对此做过认真调查。麦当劳总部想当然地认为洋葱只是一种随处可见的便宜货，到开张之后才发现，冰岛的洋葱简直贵得出奇，购进一个普通大小的洋葱，需要卖掉十几个巨无霸汉堡包。既然开张了，麦当劳只能选择坚持。长期以来，麦当劳在冰岛的生意看上去虽然红火，但利润却相当微薄。冰岛的麦当劳特许营运商奥格蒙德森用一句话描述出了这十几年来的经营状况："我一直在不断亏钱！"

此次的金融风暴使冰岛克朗大幅贬值。欧元逐渐走强，加之进口食品税率提高，成本上升，更加大了麦当劳的经营难度。在冰岛首都雷克雅未克，一个巨无霸汉堡包如果要获得利润，就必须使价格上涨到 780 冰岛克朗（约 6.36 美元），而这个价格甚至比瑞士和挪威的 5.75 美元还要高。如果真是这个价格，麦当劳根本不会成为人们的选择。因为洋葱的高价，使麦当劳这个几乎所向披靡的全球快餐巨无霸，在冰岛低头认输了！

分析：正因为忽略了洋葱这个细节，最终导致麦当劳在冰岛的失败。这也印证了两句话：成功来自实践与调查。细节决定成败。

【案例思考】

1．通过本案例，你认为麦当劳在冰岛营销失败的原因有哪些？

2．本案例对我们进行科学调查与预测有哪些启示？

实训 4

┌─────────────────────────────────────┐
│　　课堂训练：市场调查的方案设计　　│
└─────────────────────────────────────┘

主　　　题：手机品牌与性能研究市场调查

课　　　时：2 学时

地　　　点：教室

过程设计：① 学习小组的组织。在教师的指导下，将研究兴趣相近的 6～7 位同学组成"手机品牌与性能研究市场调查"学习小组。

② 小组课题的确定。围绕所要研究的主题，将课题分成多个不同专题展开研究，即"手机品牌与使用者年龄分布情况调查""手机品牌特征问卷调查""不同品牌手机性能与优、缺点的比较"等。

③ 调研方案的拟订。由学习小组的成员共同商议，制订活动计划，拟订调研方案。方案内容包括课题名称、调研专题名称及内容、调研方法、实施步骤、成员分工、经费预算、主要参考文献等。

目　　　的：① 通过对手机品牌与性能的调查及对使用者不同年龄层次的不同需求为内容的探究，进一步加深学生对手机市场有关知识的了解，拓展学生的专业知识。

② 引导学生树立正确的市场营销观念，培养学生的团队精神和合作意识，激发学生的学习兴趣和参与意识，提高其语言组织及表达能力，帮助学生克服性格障碍，并锻炼学生的沟通能力。

考核指标：① 调查方法的合理性，如调查问卷的设计是否科学等。

② 调查方案、程序的科学性。

建　　　议：① 授课教师可根据学生具体情况调整考核指标。

② 可由学生担任各学习小组组长。

③ 市场调查可采取纸制问卷、网页问卷、移动端问卷等多种形式。

第 5 章 产品策略

知识要点

❖ 产品市场寿命周期的含义。

❖ 产品组合中的几个重要概念。

❖ 品牌和品牌策略。

❖ 包装策略。

❖ 新产品开发和推广的意义。

能力要点

❖ 培养品牌意识和品牌观念。

❖ 认识新产品开发和推广的重要意义。

引例 5

一代汽车之王跌下神坛

三十年前，一款鲜红色的汽车风靡全国，此后连续 22 年获得自主品牌年度销量冠军，称霸中国汽车市场，风光无限。然而三十年后的今天——2019 年，它巨亏 16 亿元，深陷泥潭，鲜有人问津。

夏利（见图 5-1），曾是一代人的梦想，如今，却如流星般坠落。中国一代汽车之王，为何一步步跌落神坛，成为一个年代的烙印？

缺乏创新精神，安于现状。在 20 世纪 90 年代，国人消费水平低，夏利以经济、低端的定位广受市场吹捧，然而最近十年以来，随着国人生活水平的提高，消费者倾向于更高端的品牌和车型，对车辆舒适度、性能、外观等的要求日益提高。而夏利还是"一招鲜吃遍天下"，丝毫没有做出改变，继续走低端、廉价的路线，没有意识到世界在变，市场需求也在变。不改变就等于被淘汰，唯有紧跟时代步伐，勇于创新，才能处于不败之地。错过时机，悔之晚矣。当夏利意识到自己正逐渐被消费者

图 5-1 夏利汽车

抛弃时，试图趁 SUV 火热之势扭转时局。2014 年，天津夏利推出 SUV 骏派 D60，该车销量突破 4000 辆，主攻 7 万～12 万元市场，但市场竞争激烈和小型 SUV 市场增速开始放缓，骏派 D60 增长停滞。但是，夏利并没有趁热打铁推出新的紧凑型和中型 SUV，错过竞争的时机，让刚把头露出水面的骏派 D60 再次沉到水底。而与此同时，竞争对手的新车一台接着一台地推出，同期如吉利博越、哈弗 H6、荣威 RX5 等产品。这些产品的相继推出，为了快速打开市场，直接将产品价格拉低，并且这些产品的配置和竞争力水平都不低，用户口碑也不错。激烈竞争，让夏利进退两难，此后销量每况愈下，年年亏损。

一代中国汽车之王跌下神坛，不禁令人挽额叹息，就如同手机之王诺基亚一样，曾称霸一时，却败给自身。无视创新，不紧跟时代的脚步，不超越自己，终将被无情淘汰。

凡所过往，皆是序章，放眼未来，小到企业，大到国家，唯创新，才能立足于风云变幻的时代。

5.1 产品市场寿命周期

产品市场寿命周期又称产品的生命周期，是指产品经过研究、开发，从进入市场开始，直到最终退出市场为止所经历的全部时间。产品市场寿命周期一般可分为四个阶段：研发期、成长期、成熟期和衰退期。产品市场寿命周期曲线如图 5-2 所示。

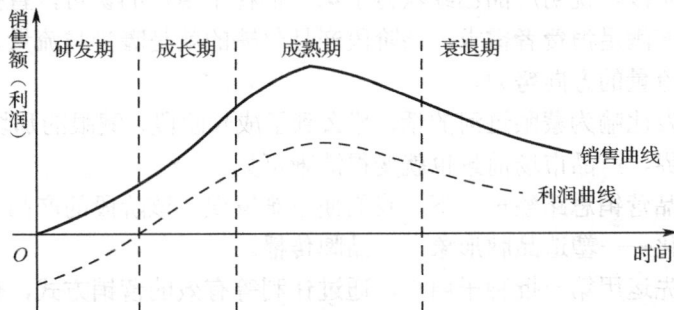

图 5-2 产品市场寿命周期曲线

在产品市场寿命周期的不同阶段，产品的市场占有率、销售额、利润是不一样的。研发期产品销售额的增长较慢，利润多为负数。当销售额迅速增长，利润由负变正并迅速上升时，产品进入了成长期。经过快速增长的销售额逐渐趋于稳定，利润增长处于停滞，说明产品成熟期来临。在成熟期的后一阶段，产品销售额缓慢下降，利润开始下滑。当销售额加速递减，利润也较快下降时，产品便步入了衰退期。

产品市场寿命周期的形态可分为典型和非典型两种。典型的产品市场寿命周期要经过研发期、成长期、成熟期和衰退期，呈 S 形曲线。非典型形态有"循环—再循环型""扇形""非循环型"等。研究产品市场寿命周期对企业市场营销活动具有十分重要的启发意义。

因此，产品市场寿命周期相当于人生不同的阶段，我们扮演着不同的角色，幼年、少年、青年……有着个性鲜明的发展阶段。人生路上，步履不停，产品发展，也是如此。因产品所处阶段不同，对应的产品策略也不相同。

1．研发阶段：无中生有，道是无是却还有，道是有是还却无

研发阶段就是制作产品，但该阶段却没有产品，需要研发引进。

其实，营销人在产品研发阶段并非亲身去研发制造，而是确定市场定位和产品受众需求。因此，此阶段的产品策略主要解决以下两个方面的问题：

（1）市场定位是大方向预测自身产品何时能够在市场上站稳脚步。

（2）产品受众需求定位是决定自身产品在研发成功之后是否能够获得受众的根本因素。

市场定位：市场定位是指为使产品在目标消费者心目中相对于竞争产品而言占据清晰、特别和理想的位置而进行的安排。在产品研发阶段，就是要先了解产品所处的行业情况，然后判断将要研发出来的产品在市场上是否具有竞争力。市场定位的营销策略主要是创新、对抗、规避、重新定位四点。

受众需求：了解受众需求，研发出市场上没有但受众却需要的产品，换言之就是确定买家"痛点"。买家需求是产品立足市场的根本。

在研发阶段，对于产品策略而言，关键点在于确定产品市场及把握产品卖点，然后加快研发脚步，使产品尽早推向市场。在该阶段，并不一定要等到产品完美之后才推向市场，尽早发布产品，就可以越早得到反馈。

2．成长阶段：步步为营，招兵买马为先，开疆扩土向前

产品到达成长阶段，说明产品已经获得了第一批种子用户的认可，直接确定了产品具有市场竞争力并且能够满足消费者需求。该阶段产品欠缺的就是曝光与流量，产品策略也就朝着增加曝光和获取流量的方向努力。

如果将产品研发比喻为蒙眼过河的话，那么到了成长阶段，蒙眼的那块"布"便被扯下，到了睁眼过河的境界，产品市场前景也就变得清晰可见。

将该阶段的产品营销思路整理一下，我们便不难发现，该阶段的产品策略目的主要是获取流量——促进转化——塑造品牌形象——品牌传播。

获取流量：首先运用第一批种子用户，通过让利等有效的营销方式，使他们为产品做好口碑营销。其次通过软文或其他形式的广告为产品做推广。在获取流量的同时，也要做好用户的积累，开设微信公众号等自媒体社交平台。

促进转化：在流量提升之后，转化的过程与需求直接挂钩。因此在广告推广中，着重将能够解决产品需求的"痛点"体现出来，直接刺激消费者进行购买。

品牌形象建立与传播：通过品牌，可以让产品得到更加广泛的传播，这是品牌传播的便捷之处。正因如此，企业的品牌建设在产品的成长阶段也显得尤为重要。在产品的成长阶段，产品策略所达到的目的是打开市场和品牌传播，为后续的品牌建设建立基础。在该阶段产品可能会出现一些问题，或者无法满足某一部分人的需求，企业在此时需要对产品进行适当的改进，以增加产品发展的上限。

3．成熟阶段：风华绝代，风头一时无二，战场称霸无双

该阶段产品发展已经趋于稳定，产品策略的主要目的是延长该阶段的时间。维护便是该阶段的核心词汇。产品策划的核心就是维护产品、活跃好老客户、引进新客户、保持稳定的盈利创收。

4．衰退阶段：英雄迟暮，枯枝可开新芽，谁人故叹黄花

在衰退阶段，产品正处于下坡阶段，市场竞争力正逐步地缺失，产品利润逐步下降，无法满足市场需求。

作为一个完整的产品寿命周期，从最开始的研发问世到最后的衰退消亡退出市场，这是自然规则，但更换一种新的存在方式，迸发出二次生命，也是自然规律。对于产品而言，衰退过后是永久退出市场，还是换装出发重新登场，To be, or not to be，这是一个问题。

5.2 产品组合策略

产品好比人一样，都有其由成长到衰退的过程。因此，企业不能仅仅经营单一的产品，要适当增加产品的种类，实行多元化经营，从而减小经营风险。如美国光学公司生产的产品超过 3 万种，美国通用电气公司经营的产品多达 25 万种。当然，并不是企业经营的产品越多越好，而是应该生产和经营那些对自身有利的产品。哪些产品才是有利的？这些产品之间应该有些什么组合关系？这就是产品组合问题。

5.2.1 产品组合概述

所谓产品组合，也称产品搭配，是指一个企业生产或经营的全部产品线、产品项目的组合或搭配方式，即经营范围和结构。它包括四个变数：宽度、长度、深度和相关性。

1．产品项目和产品线

产品项目就是产品的品种，或者说凡是列入企业销售目录产品的名称。例如，某汽车公司产品中的某一牌号的汽车，就是该公司许多产品项目中的一个。

产品线是指具有类似功能、能满足同类需求的产品。例如，电冰箱、果汁机、抽油烟机、煤气炉等产品都是为了满足做饭所需要的产品，因而构成厨房设备产品线。

2．产品组合的概念

产品组合是指一个企业所经营全部产品的质的组合与量的比例关系。它可以通过广度、深度和密度反映出来。

3．产品组合的广度

产品组合的广度是指一个企业所拥有的产品线数目的多少。产品线越多，产品组合就越宽，反之就越窄。

4．产品组合的扩大与缩小

扩大产品组合又称多种经营。由于科学技术的进步和市场需要的多样化，产品品种以惊人的速度向前发展。为了适应市场竞争的需要，企业必须采取多品种经营来增强自己的竞争能力。多品种经营可以充分利用企业的人力、物力和财力，提高经济效益，以便在市场变动、企业产品市场供求不平衡的情况下充分利用企业的各种生产要素；同时，多品种经营还可以减小由于季节、消费者需求变动给企业带来的经营风险，从而增强企业的竞争能力。

5.2.2　产品组合策略

所谓产品组合策略，是指企业根据自己的营销目标，对产品组合的广度、深度和密度进行的最优组合决策。常用的产品组合策略有以下五种。

1．全线全面型产品组合

全线全面型产品组合是指向市场提供所需要的各种产品，即其广度和深度都较大，密度可大可小的产品组合。

2．市场专业型产品组合

市场专业型产品组合是指向某个专业市场提供所需要的各种产品，也就是其广度和深度都较大，但密度较小的产品组合。

3．多条产品线专业型产品组合

多条产品线专业型产品组合是指企业专注于某类产品的生产，即广度和深度较小，但密度较大的产品组合。

4．一条产品线专业型产品组合

一条产品线专业型产品组合是指企业根据自己的专长，集中经营单一的产品线，即广度最小、深度一般的产品组合。例如，有的汽车制造厂专门生产作为个人交通工具的小汽车，不生产大客车、运货卡车及其他用途的汽车。

5.3　产品品牌策略

5.3.1　品牌

1．品牌的概念

品牌俗称厂牌，它是一个名称、术语、标记、符号或是一个设计，或者是它们的组合运用，其目的是识别某个或某类销售产品或服务，并使之同竞争对手的产品或服务区别开来。

2．品牌的作用

1）有助于产品的销售和占领市场

品牌一旦形成一定的知名度和美誉度，企业就可利用品牌优势扩大市场，提高消费者对品牌的忠诚度，使销售者在竞争中得到某些保护，并使他们在制定市场营销策略时具有较强的控制能力。

2）有助于增强对动态市场的适应性，减小未来的经营风险

由于品牌具有排他性和专用性，在市场激烈竞争的条件下，一个强有力的知名品牌可以像灯塔一样为不知所措的消费者在信息海洋中指明"避风的港湾"，消费者愿意为此多付出代价，能保证厂家不用参与价格大战就能保证稳定的销售量。

3）有助于市场细分，进而进行市场定位

品牌有自己独特的风格，除有助于销售外，还有利于企业进行市场细分，企业可以在不同的细分市场中推出不同品牌以适应消费者的个性差异，来更好地满足消费者。

4）有助于新产品开发，节约新产品投入市场的成本

一个新产品进入市场，风险是相当大的，而且投入成本也相当大，但是企业可以成功地进行品牌延伸，借助已成功或成名的名牌，扩大企业的产品组合或延伸产品线，采用现有的知名品牌，利用其一定的知名度和美誉度，推出新产品。

5.3.2　商标

1．商标的概念

商标是区别商品或服务来源的一种标记，我国俗称商标为"牌子"，也就是刻印在商品或商品包装上的图形、图案、文字或符号。它是受法律保护的品牌或品牌的一部分。

商标的本质作用是区别商品的来源或服务的提供者，是商品生产和商品交换发展到一定阶段的产物。商标经工商行政管理局核准注册后成为注册商标，注册商标有特定的标记，受法律保护。没有注册的商标为未注册商标，一般是不受法律保护的。

2．商标的作用

1）区别商品或服务的来源

企业可以通过商标将自己的商品与他人的商品区别开，以方便消费者在市场上选择、购买。

2）市场竞争的有力工具

质量好的商品会使其商标的知名度不断扩大，知名度高、信誉好的商标又会使该商品的市场竞争力增强。

3）企业的无形财产

商标作为企业的工业产权，与其他财产一样，是企业的财富。具有一定知名度的商标更是如此，甚至是巨额财富。

5.3.3　商标和品牌的区别

商标与品牌既有联系又有区别，其联系主要表现为：它们都是无形资产，都具有一定的专有性，其目的都是为了区别于竞争者，有助于消费者进行识别，所以商标与品牌在使用时经常被混淆。

有些人误以为两者无本质区别，其实不然，两者的区别主要表现在以下几个方面。

（1）品牌无须注册，商标一经工商行政管理部门注册后，取得专用权，就享有法律保护，并成为注册商标。

（2）商标一般都要注册（我国也有未注册商标），它是受法律保护的一个品牌或品牌的一部分，其产权可以转让和买卖。

（3）品牌主要表明产品的生产和销售单位，而商标则是区别不同产品的标记。

（4）一个企业的品牌和商标可以相同，也可以不相同。例如，贵州茅台酒厂生产的茅台酒，"茅台"是著名品牌，其商标有"五星""飞天"等（见图5-3）。

图 5-3   贵州五星、飞天茅台

（5）品牌比商标有更广的内涵，品牌代表一定的文化和个性，而商标则是一个标记。

5.3.4   品牌策略

1. 无品牌策略

无品牌策略是指企业对自身生产的产品不使用任何品牌名。

无品牌策略的主要优点是可以减少经营管理费用。缺点是因为不为消费者所知，产品推广时渠道阻力较大，渠道公关成本可能较高。

因此，无品牌策略的产品主要见于一些原材料生产商，或是生产技术简单、消费者选购时重质量轻品牌的小商品生产企业。

2. 贴牌策略

贴牌策略是指某企业生产的产品冠之以其他企业的产品品牌。贴牌策略本质上是资源整合，优势互补。贴牌策略的最大优势是贴牌企业（采购方）省去了生产、制造和技术研发的成本，被贴牌企业（被采购方）则省去了营销、传播、运输、仓储成本，应是双赢的结果。

贴牌策略的劣势是贴牌的双方一般是竞争对手，如果同一产品在同一渠道出现，双方就不可避免地产生竞争。

因此，实施贴牌策略的双方最好避免在同一渠道出现，同时双方的品牌定位应避免是同一消费层次，这样双方就可以减少直接冲突的可能。这种经营方式有几个好处：一是可以扩大影响，树立起自己产品的形象；二是不必受供应商掣肘，自己可以根据竞争定价；三是掌握了产品批发和零售的程序，减少了中间商的多重成本，商品卖得便宜，利润却随之增加。贴牌策略常见的有以下几种情况。

（1）采用销售者品牌。采用销售者品牌的具体做法是零售商通过了解消费者信息、提出产品的设计开发要求，并选择生产企业进行生产，然后利用零售商品牌把产品推向市场。

（2）采用生产者品牌。多数批发商和零售商不用自己的牌子，而采用生产者自己的牌子。因为许多产品的品牌已经由生产者推销成功，他们的销售情况很好，这时采用生产者的品牌也能够提高销售商的形象，把更多的消费者吸引过来。

（3）销售者品牌和生产者品牌并用。一些大型零售商店和批发商店除了销售自身品牌的产品外，为了扩大经营，争取更好的经营效益，也同时销售其他生产者品牌的商品。

3．统一品牌策略

统一品牌策略是指企业原有的品牌在某一市场获得成功，得到消费者认可后，企业在开发的所有新产品进入新市场或老产品进入新市场时均采用原品牌。这样，企业的所有产品在对外输出时均采用统一品牌。统一品牌的优势有：第一，可以为企业节省巨额的市场开拓费用；第二，可以利用已经成功的品牌推出新产品，容易使消费者产生信任感，可以壮大企业的声势，提升企业的市场形象，节约创立新品牌的费用。但是，统一品牌策略容易产生"株连风险"，即如果某个产品信誉出现了危机，将会严重影响企业的整体形象，整个产品组合也将会面临极大的危机。因此，企业在考虑统一品牌策略时，应在既有品牌知名度、美誉度较高且新的市场和原有市场有较高关联度的情况下实施。

4．多品牌策略

多品牌策略是指企业对所开发的新产品或新进入市场的产品进行单独命名和推广的策略，即企业同时经营两种或两种以上相互竞争的品牌。

采取多品牌策略的主要原因有以下几个方面。

（1）多种不同的品牌只要被零售商店接受，就可以占用更大的货架面积，而竞争者所占用的货架面积就会相应减少。

（2）多种不同的品牌可吸引更多的顾客，提高市场占有率。

（3）发展多种不同的品牌有助于在企业内部各个产品部门、产品经理之间展开竞争，提高效率。

多品牌策略的劣势是市场开拓成本较高，不利于在消费者心目中形成统一的品牌形象。

因此，在行业内市场细分多、利润丰厚，企业原品牌定位及属性不宜延伸的情况下，可以实施单独品牌策略。

5.4 产品包装策略

一提起"佛跳墙"，大家都知道那是一道上海名菜，但由于这道名菜价格昂贵，一般老百姓都不敢问津，知道的人多，可尝过的人少。为了让一般老百姓也能品尝这道名菜，上海锦江饭店特意将这道名菜在加工时换成小包装，由于数量少，化整为零，价格自然低廉。于是想尝尝鲜的顾客越来越多，昔日无人问津的"佛跳墙"，一下子成了抢手货，供不应求。

如今市场上一些产品包装不尽如人意，要么喧宾夺主，要么随心所欲。曾几何时，酒产品和饮料包装箱，一箱子装几十瓶，装卸困难，消费者无法整箱购买，而且保存时间过长，又会超过保质期，而作为商家也不好出售。后来，一些企业不断地改进包装，将酒产品和饮料包装箱改进成每箱 6～9 瓶，不仅包装箱印刷精美，而且适宜作为礼品，物美价廉，在市场上一下子变得畅销起来。由此可见，产品包装尤为重要。

美国著名管理学家李维特曾说过："新的竞争不在于工厂里制造出来的产品，而在于工厂外能够给产品加上包装、服务、广告、咨询、融资、送货或顾客认为有价值的其他东西。"

5.4.1 包装的含义和作用

1. 包装的含义

进入市场的产品都要有包装。包装有时起到的作用较小（如对价格低廉的五金商品），有时却起到举足轻重的作用（如对价格昂贵的化妆品）。

有一些包装是闻名于世的，如"可口可乐"的瓶子（见图 5-4），"雷格"女用连裤袜，蛋形容器，许多营销人员把包装化（Packaging）称为第五个 P。前面四个 P 分别为价格（Price）、产品（Product）、地点（Place）和促销（Promotion）。

包装是商品实体的重要组成部分，通常是指产品的容器或包装物及其装潢设计。

图 5-4　可口可乐经典玻璃瓶

2. 包装的作用

包装的作用主要表现在以下三个方面。

1）保护商品，便于储运

这是包装最重要的作用，它是指保护被包装的商品，防止损坏或发生意外事故，如渗漏、浪费、偷盗、损耗、散落、掺杂、收缩和变色等。产品从生产出来到使用之前的这段时间，保护措施是很重要的，包装如起不到保护作用，这种包装就是一种失败。

可以说，包装最基本的功能便是保护商品，便于储运。不同的产品本身的物质形态不同，有气态、液态和固态之分；理化性质各异，如存在有毒、易腐蚀、易挥发、易燃、易爆等性质上的差异；外形也可能有棱角、刃口或其他危及人身安全的形状。有效的产品包装可以起到防潮、防热、防冷、防挥发、防污染、保鲜、防易碎、防变形等保护产品的作用。

2）便于运输和携带

产品在流通过程中，必然会有运输和储存环节，良好的包装可以方便产品的运输和携带。

3）促进产品销售

生产产品的公司和品牌形象公司已意识到设计良好包装的重要作用，它有助于消费者迅速辨认出是哪家公司或哪一品牌。

5.4.2 包装的种类

包装的分类方法很多，通常人们把包装分为运输包装和销售包装两大类。此外，还有以下几种分类方法。

（1）以包装容器的形状分类，可分为箱、桶、袋、包、筐、捆、坛、罐、缸、瓶等。

（2）以包装的材料分类，可分为木制品、纸制品、金属制品、玻璃制品、陶瓷制品和塑料制品包装等。

（3）以包装货物的种类分类，可分为食品、医药、轻工产品、针织品、家用电器、机电产品和果蔬类包装等。

（4）以安全为目的分类，可分为一般货物包装和危险货物包装等。

5.4.3　包装的设计要求

1. 包装设计原则

包装的设计遵循以下一些基本原则。

1）适用原则

包装的主要目的是保护商品。因此，首先要根据产品的不同性质和特点，合理地选择包装材料和包装技术，确保产品不损坏、不变质、不变形等，尽量使用符合环保标准的包装材料；其次要合理设计包装，便于运输等。

2）美观原则

包装具有美化商品的作用，因此在设计上要求外形新颖、大方、美观，具有较强的艺术性。

3）经济原则

在符合市场营销策略的前提下，要尽量选用来源比较充足的包装材料代替稀缺材料，用较便宜的材料代替昂贵的材料，用国产和本地产的材料代替进口和外地的材料，用新型包装材料代替传统包装材料，以尽量降低包装成本。

2. 包装设计要求

1）包装应与商品的价值或质量相适应

由于产品包装已成为产品的一部分，所以产品包装必须与产品价值相符合。"一等产品二等包装"固然不可取，但是不考虑产品内容、用途和销售对象，而单纯追求包装、装潢的精美华丽，以此来吸引顾客，其结果往往是主次颠倒、弄巧成拙。

2）包装应能显示商品的特点或独特风格

要能够从产品包装的图案、形状和色彩等方面显示出产品的特点。例如，化妆品的包装要色彩艳丽、造型优美、装潢雅致；贵重的工艺品包装的材质要尽显华贵、造型独特、装潢华丽；儿童用品的包装要五彩缤纷、生动活泼，以符合儿童的心理特点。

3）包装应方便消费者购买、携带和使用

包装的一个重要作用就是方便消费者购买、携带和使用。一个精美的包装，如果不方便携带，则不能算好的包装。包装的设计要大、中、小并举，这样既保证运输的安全、方便，也为橱窗陈列和做广告提供了方便，还为消费者携带和使用创造了便利条件。

4）包装装潢应给人以美感

设计产品包装，首先要能保护产品。同时，包装的造型要美观大方、生动形象，图案设计要新颖独特，给人以美感，提高产品对消费者的吸引力，增强产品的竞争能力。

5.4.4　包装策略

包装策略常用的有以下四种。

1. 类似包装策略

类似包装策略是指企业所生产的各种产品在包装物外形上采用相同的开关、近似的色彩和共同的特征，以便使消费者从包装的共同特点产生联想，一看就知道是哪个企业的产品。实行这种策略的优点是容易提高企业信誉，节约包装设计费用；缺点是一损俱损。

2．组合包装策略

组合包装策略又称配套包装策略、多种包装策略，是指将数种有关联的产品放在同一窗口内进行包装，以方便消费者购买、携带和使用。例如，旅游用的牙刷、牙膏、刮胡刀等装配在一起，还有化妆品、玩具等的成套包装，如图 5-5 所示。

3．再使用包装策略

再使用包装策略又称双重包装策略，是指将原包装的产品使用完以后，包装物可移作他用。采用这种策略的优点是有利

图 5-5 组合包装

于诱发消费者的购买动机，空包装物还能起到广告宣传的作用。尽量谨慎使用该策略，避免因成本增加使商品价格过高而影响销售。

4．附赠品包装策略

附赠品包装策略又称万花筒包装策略，是指在产品包装物内附赠小物品，目的是吸引顾客购买和重复购买，以扩大销量。在儿童用品市场上最常使用这种策略，如糖果和其他小食品包装内附有连环画、塑料小动物等。

5.5 新产品开发

5.5.1 新产品的概念与分类

1．新产品的概念

什么是新产品？概括地说，凡是消费者认为是新的并能从中获得新的满足且可以接受的产品都属于新产品。

2．新产品的分类

新产品包括三类：全新产品、换代产品、改进新产品。

1）全新产品

全新产品是指新发明的产品，即采用新原理、新技术、新材料、新结构而生产出来的具有全新功能的产品。例如，电话机、计算机等第一次进入市场时都属于全新产品。近几年来，新产品不断涌现，然而能称得上全新产品的却极为有限。生产这类产品难度很大，需要科学原理的重大发现，应用技术的重大突破，生产材料的重大创新，产品结构的重大变革。

2）换代产品

换代产品是指在原有产品的基础上，部分采用新材料、新结构而制造出的适应新用途、满足新需求的产品。也就是说，新产品与原有产品相比并无基本原理上的不同，只是生产技术、材料或结构上有所进步。

3）改进新产品

改进新产品是指通过改进技术、增加功能、美化外观，对现有产品的性能、质量、构造、样式或包装做一定改变而生产出来的产品。例如，多功能的录音机，更耐用的手表，新结构的机器，新样式的家具，药物牙膏等。

5.5.2 开发新产品的意义

新产品的开发对企业的重要性主要体现在以下几个方面。

1．开发新产品有利于促进企业成长

任何一种产品，都不是长生不老的，都会有从鼎盛走向衰退的过程。当原有产品走向老化时，企业必须推出新产品取而代之，否则，企业就会随着其产品的衰退一道走向衰亡。在市场上，企业防止产品老化的关键就是不断创新，以此提高企业的信誉和市场地位，使企业的经营不断发展，在竞争中保持优势。因此，国外许多大企业都十分重视新产品的开发，每年用相当于销售额的 3%～5% 的资金作为新产品的开发研制费用。

一方面，企业可以从新产品中获取更多的利润；另一方面，推出新产品比利用现有产品能更有效地提高市场份额。利润和市场份额是企业追求的两个重要目标，它们的增加和提高能促使企业不断发展。

2．开发新产品可以维护企业的竞争优势和竞争地位

为了拥有消费者并占有较多的市场份额，企业会运用各种方式和手段来获得竞争优势，开发新产品是当今企业加强自身竞争优势的重要手段。

如果企业只是采用降价的办法来维持原产品的销售来争取顾客，那么企业将因此付出沉重的代价。竞争者之间竞相降价的结果，只能是两败俱伤。而且降价销售有损产品的形象和企业的市场声誉，仅以价格进行竞争在当代已是一种下策。开发新产品是赢得顾客的一种有效手段，不仅可以使企业提高市场地位和产品声誉，在竞争中取得优势，还可以使企业获得更多的利润。

3．开发新产品有利于企业更好地适应环境的变化

在社会飞速发展的今天，企业面临的各种环境条件也在不断发生变化。这预示着企业的原有产品可能会衰退，企业必须寻找合适的替代产品，因此，企业有必要对新产品进行研究与开发。

5.5.3 新产品的开发程序

1．构思形成创意

构思指对新产品的设想，是新产品开发的起点，成功的产品来源于良好的构思。构思越多，选择的余地越大。新产品构思的主要来源包括顾客、竞争者。

1）顾客

好的新产品创意来自对顾客的观察和聆听。企业可通过调查或集中座谈了解顾客的需要和欲望。通过分析顾客的提问和投诉能发现更好地解决消费者问题的新产品。通用电气公司电视产品部门的设计工程师就是通过与最终消费者会谈的方式得到新的家用电器产品创意的。

2）竞争者

竞争者也是新产品创意的好来源。企业观察竞争者的广告及其他信息，从而获取新产品的线索。例如，购买竞争者的新产品，把产品拆开，观察产品的结构，分析产品的销售，最后企业决定是否应该研制出一种适合自己的新产品。

2．筛选

在新产品开发的第一阶段，激发构思的主要目的是产生更多的构思。这些构思不可能都付诸实施，因此必须按一定的要求进行筛选。筛选是根据企业的科研生产能力、市场营销目标和外部环境，对新产品构思进行评价和选择及优胜劣汰的过程。

3．形成新产品概念

新产品概念是企业从消费者角度对新产品构思的具体化、形象化的描述。例如，某企业要生产一种汽车，这只是一个产品构思，为了形成具体的产品概念，首先要回答一些问题：由何因、为何人、为何事、在何时、在何处使用，使用何种原材料等。

"随身听"的发明就是一个典型的例子（见图 5-6）。1979 年，日本索尼公司推出了世界上第一台便携式磁带播放机——"随身听"，打开了便携式数码音乐产品的大门，一个以个人为中心的音乐世界在人们面前豁然开朗。"随身听"的诞生创造了人们欣赏音乐的全新方式，确实是一个划时代的产品，其诞生却来源于一个简单的梦想。1951 年，索尼公司的创始人井深大先生在访问美国的飞机上突然冒出一个灵感：如果人们能随时随地欣赏美妙的音乐，生活将多么美好，这

图 5-6　索尼随身听

个梦想在 27 年后 1978 年的秋天实现了。而索尼公司另外一位创始人盛田昭夫先生非常敏锐地感觉到"随身听"的概念必能取得巨大的商业成功，因此极力地推动了"随身听"的开发研制。产品一上市，就受到了广大年轻消费者的青睐。

在飞机上产生的灵感，其实就是一个新产品概念的形成。何时——随时；何地——随地；何人——喜欢音乐的人；何事——为了听音乐。

5.5.4　新产品推广

新产品开发策略的类型是根据新产品策略的维度组合而成的，新产品的竞争领域、新产品开发的目标及实现目标的措施，这三维构成了新产品开发策略。对各维度及维度的诸要素组合便形成各种新产品的开发策略。下面介绍几种典型的新产品开发策略。

1．领先策略

领先策略是具有高风险性的新产品策略，也称冒险策略，通常在企业面临巨大的市场压力时采用，企业常常会孤注一掷地调动其所有资源投入新产品开发，风险越大，回报越大。

2．进取策略

进取策略也称跟随超越策略，是由以下要素组合而成的。竞争领域在产品的最终用途和技术方面，新产品开发的目标是通过新产品市场占有率的提高，使企业获得较快的发展；创新程度较高，频率较快；大多数新产品选择率先进入市场；开发方式通常是自主开发；以一定的企业资源进行新产品开发，不会因此而影响企业现有的生产状况。新产品的创意可来源于对现有产品的用途、功能、工艺、市场营销策略等方面的改进，改进型新产品、降低成本

型新产品、形成系列型新产品、重新定位型新产品都可成为其选择方向，也不排除具有较大技术创新的新产品开发。该新产品策略的风险相对要小。

3. 紧跟策略

紧跟策略也称更新换代策略，是指企业紧跟本行业实力强大的竞争者，迅速仿制竞争者已成功上市的新产品，来维持企业的生存和发展。许多中小企业在发展之初常采用这种策略。紧跟策略的特点是：新产品的战略竞争领域是竞争对手所选定的产品或产品的最终用途，本企业无法也无须选定；企业新产品开发的目标是维持或提高市场占有率；仿制新产品的创新程度不高；产品进入市场的时机选择具有灵活性；开发方式多为自主开发或委托开发；紧跟策略的研究开发费用较小，但市场营销风险相对较大。

4. 保持地位或防御策略

保持或维持企业现有的市场地位，有这种策略目标的企业会选择新产品开发的防御策略。该策略的产品竞争领域是市场上的新产品；新产品开发的目标是维持或适当扩大市场占有率，以维持企业的生存；企业多采用模仿型新产品开发模式；以自主开发为主，也可采用技术引进方式；产品进入市场的时机通常要滞后；新产品开发的频率不高；成熟产业或夕阳产业中的中小企业常采用此策略。

本章小结

一种产品从研发一直到被市场淘汰为止的整个过程，称为该产品的市场寿命周期。产品的市场寿命周期可以分为研发期、成长期、成熟期和衰退期四个阶段。在不同的阶段，其市场特点不同，企业应采取不同的市场营销策略，采取多种方法来延长产品的市场寿命周期。新产品的设计与开发必须满足多种要求。新产品的开发策略有：领先策略、进取策略、紧跟策略、保持地位或防御策略。产品的包装起着保护商品、方便使用和促进销售的重要作用。

习题5

一、填空题

1. 产品市场寿命周期又称为产品的_____。

2. 产品的市场寿命周期可以分为研发期、_____、成熟期和_____四个阶段。

3. 扩大产品组合又称_____。

4. 新产品包括全新产品、_____和改进新产品。

5. 许多营销人员把包装化_____称为第五个_____。

二、简答题

1. 什么是产品市场寿命周期？

2. 在市场营销中，新产品指的是什么？它可以分为哪几类？

3. 什么是品牌？什么是商标？两者有何异同？

案例分析 5

"美心馒头"的成功之道

在重庆著名的洋人街，美心馒头店虽然不是什么大店，但论起生意的火爆程度和人气之旺，比起那些大店也是有过之而无不及。这家馒头店的特色是馒头只卖 1 元钱一个，而且已经十多年不涨价了，关键还在于他们店的馒头有四十多厘米长，分量比普通馒头要大上 4 倍。

有的人或许会问，在这样的商业圈，这样大的馒头卖 1 元钱一个，那不是卖得越多越亏啊，因为店铺的租金、雇用的人力及原材料等成本都不是卖 1 元钱能赚回来的啊！可事实却是，这家店不仅没有倒闭，反而越开越火，深受消费者青睐，这是为什么呢？

其实，美心馒头店所采用的也是利用人性的弱点赚钱的营销套路：馒头卖 1 元钱尽管亏本，但却能换来巨大的流量和人气效应，通过 1 元钱的馒头带来大量的顾客，接着再用其他产品从顾客身上赚钱。顾客或者出于吃馒头相关的需求，或者觉得不好意思，有意无意地总会主动为其他产品买单。这样做所赚的钱，要远远超过 1 元钱馒头所带来的亏损，而这种靠关联商品赚钱的思维，不仅让美心馒头店活了下来，而且活得非常好。

【案例思考】

1. "美心馒头"是如何获得成功的？运用了哪些原理？
2. 就你所了解，哪些商家也用了同样的方式？效果如何呢？

实训 5

┌───┐
│ **课堂训练：运用新产品策略** │
└───┘

主　　题：一点儿的骄傲中的新产品策略

课　　时：2 学时

地　　点：教室

过程设计：① 由教师介绍阅读材料 5 "一点儿的骄傲"文中新产品策略的相关案例。

　　　　　② 围绕新产品策略，对该公司的策略进行分析和阐述，并在阐述中，回答以下问题：解放鞋有何优势？其劣势在什么地方？有没有需要改进的地方？如果是你，将如何运用新产品策略？

目　　的：① 培养学生的合作能力和团队精神。

　　　　　② 理论联系实际，通过讨论激发学生的学习兴趣，促进学生对所学知识的理解，调动学生自主学习的积极性，使学生真正地成为学习的主体。

　　　　　③ 培养学生全面、深入地分析问题的能力。

考核指标：表达清楚、明了，言之有理。时间限制在每组 10 分钟。理论联系实际，论据充分。

建　　议：① 可由学生担任主持人。

　　　　　② 教师引导学生利用课本所学知识进行分析。

阅读材料 5

一点儿的骄傲

在 2008 年金融危机席卷全球的灰色日子里，欧美市场成了"红海"，曾经雄霸天下、作为廉价商品代名词的中国商品似乎渐渐失去了以往的锋芒。然而就在这风口浪尖上，一种标价 75 美元、名为"OSPOP"的运动鞋（见图 5-7）却成为西方人竞相追逐的时尚新宠。许多人不知道，它最初的"出生地"就在中国，这种鞋原本还有个"中文名"，人们管它叫"解放鞋"（见图 5-8）。

<table>
<tr><td>图 5-7 OSPOP</td><td>图 5-8 解放鞋</td></tr>
</table>

2004 年，一名来自美国的商人班·沃特斯受命前来上海拓展其家族的石化事业。没事的时候，他常常到矿井、码头、巷弄、农舍里转悠。他发现了一种现象：在中国，下井劳作的矿工们，在工厂打工的工人们，甚至在陌上垄间劳作的农民们，都习惯穿一种设计简单、胶质、廉价的鞋。这种鞋通常被装在灰色纸袋里出售。沃特斯弄清楚了这种鞋叫作解放鞋，它最初穿在中国部队的首长和士兵的脚上，后来中国老百姓都喜欢穿它。许多年来，中国仍有很多人只要做苦活、脏活、累活，都不忘换上它。它似乎成了中国劳动者脚上的流行色。

沃特斯想，既然穿上它有利于劳动，为什么不让劳动者穿得更舒服些？沃特斯从关心劳动者，很快想到了市场。于是，沃特斯买下一双解放鞋回家研究。他发现在中国生产该鞋的厂家很多，他买下的那双鞋正好是河南省焦作市温县天狼鞋厂制造的。他的大脑里忽然冒出了一个主意：我要生产用来外销的解放鞋，没准新解放鞋也能成为欧美民众消费的时尚。沃特斯立即通过当地的合作伙伴打听到河南省焦作市的这家鞋厂，表达自己合作投资的意愿。为此，沃特斯特地聘请了一位资深的鞋业设计师，为解放鞋设计出了舒适的鞋垫，并对鞋子的制作材料、外观乃至外包装都进行了改良。改良后的解放鞋一落地，便带着尚未褪尽的泥土气息漂洋过海，成为大洋彼岸人们脚上的"新宠"。

改良后的解放鞋，有了一张英文名片——"OSPOP"（见图 5-7），它是"One Small Point of Pride"的缩写，意为"一点儿的骄傲"。沃特斯成为 OSPOP 公司的创办人。现在，许多营销精英都在推广沃特斯的"一点儿的骄傲"。在不到一年的时间里，"一点儿的骄傲"卖出了 75 000 双。

那么，在中国，一双解放鞋的市场价是多少呢？答案很简单，那就是——2 美元！

在摆在货架上的名优商品卖不动的今天，在品牌商品纷纷打折、降价的今天，在商家高喊着"生存是头等大事"的今天，一个普通外国人让一双解放鞋来了一个华丽的转身，成就了它 37.5 倍的价值飞跃。

当我们抬高视线，当我们拨开头顶的云雾，我们不难发现，2010 年像解放鞋一样的"经典国货"悄悄地流行起来。从网络到街头，很多人开始重新青睐在 20 世纪 80 年代盛行的梅花牌运动衫、凤凰自行车、回力胶鞋、飞跃胶鞋、蜂花洗发精、小白兔儿童牙膏等物品。有的原汁原味，有的稍稍改良，总之，这股诠释着自己"年代记忆"的"国货热"经过娱乐圈的发酵（包括王菲、刘嘉玲、春晓、耿乐在内的众多明星纷纷"国货上身"），一时间，经典国货成了新鲜时尚的载体，火了商家，热了市场。

人们对这种貌似不可思议的现象的解释也很简单——在现金为王，一些名牌商家没有更多研发资金投入时，在产品没有新突破时，翻旧就是一种创新。

走出困境，创造更多的品牌产品，有时并不需要什么大智慧、大发现、大投资，往往只要发现并创造"一点儿的骄傲"就够了。

第6章 定价策略

知识要点

❖ 影响产品价格的主要因素。

❖ 成本导向定价法；需求导向定价法；竞争导向定价法。

❖ 常用的产品定价策略。

能力要点

❖ 树立正确的价格观念，熟悉影响价格的主要因素。

❖ 掌握常见的几种定价方法和定价策略。

引例6

如何卖一只杯子

一家红酒公司为了实现更高的销售额，专门请了产品策划公司来进行营销策划。在制定产品的定价策略时，该公司和策划人员发生了激烈的争论，原因是产品的定价太高，每款产品都比原来提高了近一倍，该公司觉得价格暴涨后肯定会让销售量下降，产品也不好卖了。策划人员却对该公司的负责人说："如果你只是想卖原来的价格，那根本就不需要请我们来进行策划。策划最大的本事就是将好商品卖出更好的价钱。"说完他便给公司负责人讲了一个例子：如何卖一只杯子？

第一种卖法：卖产品本身的使用价值：3元/只

如果把它仅仅当作一只普通的杯子放在普通的商店，摆在货架上用最普通的方式销售，这只杯子最多也只能卖3元钱，还有可能被邻家小店老板娘降价招客来竞争，使得利润一降再降。这就是最没有意义的卖法。

第二种卖法：卖产品的文化价值：5元/只

如果你将这只杯子设计成今年最流行的款式，那么这只杯子可以卖到5元钱。而这时隔壁的老板娘再把她的杯子降价也不能对你造成影响了，因为你的杯子有了独特的文化，就冲着这文化，消费者也是愿意多掏钱的，这就是产品的附属文化价值。

第三种卖法：卖产品的品牌价值：7元/只

如果你能将这只杯子再赋予品牌价值，贴上著名品牌的标签，那它又可以卖到7元，是最开始的一倍多。隔壁的 3 元杯子跟你的再也竞争不了，因为你的杯子是有品牌的东西，几乎所有人都愿意为品牌买单，这就是产品附属的品牌价值。

第四种卖法：卖产品的组合价值，10 元/只

如果你将三只杯子全部做成卡通造型的，分别印上卡通形象的爸爸、妈妈和孩子，组成一个温馨的家庭套装杯，这样的套装可以卖 30 元/组。隔壁的杯子还是 3 元/只，而当一家人开始选购时，小孩子会拉着爸爸妈妈去买 30 元/套的杯子，这就是产品附属的组合价值。

第五种卖法：卖产品的功能延伸价值：120 元/只

如果你能通过高科技手段对杯子的材料进行更新，同时添加一些其他设计，使得杯子具有吸附微小颗粒、深度净化水质的功能，那么作为蕴含高科技的产品，这个杯子卖到 120 元/只也不为过，再加上合适的推广营销、精美的设计包装，价格还能再提高不少。这就是产品附属的延伸价值。

第六种卖法：卖产品的纪念价值：1 000 元/只甚至更高

如果你有渠道和机会，让这个杯子被某位明星用过，或者和某位明星在电视上同台，那这只杯子又更具炒作价值了，因为它被赋予了明星效应，这是更大的价值，在粉丝或追随者的追捧下，卖到 1 000 元以上毫不夸张，毕竟这可是某某用过的杯子；或者对杯子的样式进行创新，并设置为限量版，像之前炒得火热的星巴克猫爪杯。这种杯子被人买回去不是用来喝水的，而是拿去收藏的。这就是产品附属的纪念价值。

小小的杯子从最简单的 3 元/只到后来能卖到上千元一只，这个差别是多么的巨大！

事实上，消费者在购买商品时，除了商品本身的使用价值外，更多的是购买商品的附属价值，如品牌、文化、艺术、身份象征、面子、包装等各种附属价值，使商品能给予使用者自身更多的意义。同样的杯子，从杯子的概念上来看，它的功能、结构、作用依旧如故，但随着杯子各种组成元素的改变，它的价值也在不断地发生变化。

一只简单的杯子就有如此多的卖法，这就是做生意的艺术。不论是做什么生意，作为商人应该思考的就是如何把商品的价值提高，从而获得更多的利润，把握这门做生意的艺术，才能成为成功的商人。

请思考：为什么一个杯子的价格如此不同，如果你是产品策划人员，有更好的点子吗？在本章，我们来解决这个问题，并揭开它的奥秘吧！

6.1 影响价格的因素

在市场营销活动中，价格直接影响消费者的购买行为和动机。虽然随着经济的发展影响消费者购买选择的非价格因素在上升，但是我国毕竟是发展中国家，价格的高低仍是影响消费者购买行为的主要因素。

从企业因素来分析，市场营销由四个基本要素组成，即产品、促销、分销渠道和价格。企业通过前三个要素在市场中创造价值，通过价格从创造的价值中获取收益。在市场营销组合中，价格是唯一能产生收入的因素，其他因素表现为成本。价格也是市场营销组合中最灵活的因素，它与产品特征和销售渠道不同，它的变化是异常迅速的。因此，价格策略是企业市场营销组合的重要因素之一，它直接决定着企业市场份额的大小和盈利水平的高低。随着市场营销环境的日益复杂，制定价格的难度越来越大，不仅要考虑成本补偿问题，还要考虑消费者的接受能力和竞争状况。

6.1.1 价格的含义

商品价格是商品价值的货币表现形式，是商品经济中价值规律赖以发生作用的形式。价格的高低主要取决于商品的价值，即生产这种商品所花费的社会必要劳动量。企业要制定科学合理的价格，首先必须了解价格的构成，即价格由哪些要素构成。

通常，价格由生产成本、流通费用、利润和税金构成，如图6-1所示。

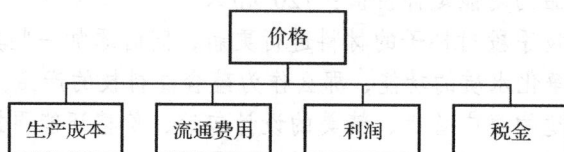

图 6-1 价格的构成要素

1. 生产成本

在商品生产中，必须支出物质消耗和劳动报酬。在正常情况下，每个企业在出售商品时应该收回这两部分支出，否则企业的再生产就会发生困难。

生产成本是制定价格的最低界限，企业只有把生产过程中发生的物质消耗支出和劳动报酬支出补偿回来，才能使生产不断地进行下去，保证企业的简单再生产。如果一个企业的产品价格低于其生产成本，就会导致企业的亏损，甚至倒闭。因此，成本是制定价格的最低界限。

2. 流通费用

流通费用是指商品从生产领域到消费领域转移过程中所发生的各种费用。它包括商品从产地到销地之间的运输费用，商品在流通过程中的保管、挑选、整理、分类、包装，以及由商品营销活动和管理核算业务活动所引起的一系列开支。这些费用构成了商品价格中的流通费用。

3. 利润

补偿商品的生产成本及流通费用后剩下的就是价格中的利润和税金。可以理解为利润是商品价格与生产成本、流通费用和税金之间的差额。

利润包括生产利润和商业利润。工业品价格中的生产利润称为工业利润。商品销售价格减去商业进货价格和商品流通费用后的余额称为商业利润。

利润水平是反映企业经济活动效果好坏的重要指标，直接关系到国家、企业、职工的利益。因此，利润大小必须合理，而且工商企业之间要合理地分配。

4. 税金

税金是企业向国家依照税法的规定缴纳的一部分企业纯收入，是价格构成的重要因素。国家通过规定不同行业和产品的合理税率，能起到调节生产规模、企业利润和价格的作用。

价格构成的四要素是互相联系、互相制约的，其中任何一个要素的变化，都会引起价格的变化。如果价格在一定时期是不变的，那么生产成本、流通费用的增减，直接决定着利润的高低。在市场经济条件下，企业作为独立的商品生产者和经营者，可以独立自主地自由定价，因此，价格是市场营销组合的可控变数之一。

6.1.2　价格的弹性

价格弹性（Price Elasticity）是衡量由于价格变动引起数量变动的敏感度指针，价格弹性又分为需求价格弹性与供给价格弹性等，下面主要学习需求价格弹性。

需求价格弹性是指商品的需求量对其价格变动的反应程度。

需求规律表明，一种物品的价格下降会使该种物品的需求量增加。如果一种物品的需求量对价格变动的反应大，可以说这种物品的需求是富有弹性的；反之，需求是缺乏弹性的。

简单地说，如果商品价格发生微小变动，需求量几乎不变，则称这种商品需求无弹性或缺乏弹性；如果价格的微小变动使需求量的变化较大或很大，则称需求弹性大。

用公式表示为：

$$价格弹性=需求量变动率/价格变动率$$

需求价格弹性的大小取决于以下基本要素：

（1）商品的可替代程度。一般来说，某产品的替代品的数量越多，其需求价格弹性越大。

（2）商品满足需要的属性。一般来说，奢侈品需求对价格是有弹性的，而必需品则是缺乏弹性的。

（3）占收入的比重。一般来说，在其他条件不变的情况下，某种商品的支出在人们的预算中所占的比例越大，该商品的需求价格弹性越大。

（4）时间因素。计算某种商品价格弹性系数所考虑的时间越长，其系数越大。

> 议一议：
>
> 在日常生活中你遇到过"价格弹性"的案例吗？如果有，请说出来和大家一起分享吧！

6.1.3　影响产品定价的因素

影响产品定价的因素很多，有企业内部的因素，也有企业外部的因素；有主观的因素，也有客观的因素，概括起来有产品成本、市场需求、竞争因素和其他因素四个方面，如图 6-2 所示。

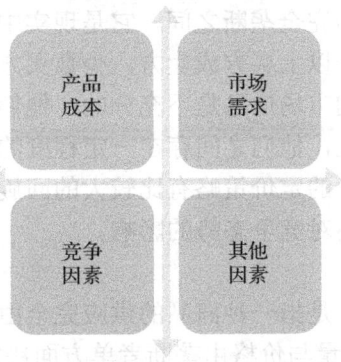

图 6-2　影响产品定价的因素

1．产品成本

马克思主义理论告诉人们，商品的价值是构成价格的基础。显然，对企业的产品定价来说，成本是一个关键因素。企业产品定价以成本为最低界限，产品价格只有高于成本，企业才能补偿生产上的耗费，从而获得一定的利润。但这并不排除有时某些个别产品存在价格低于成本的情况。

在实际工作中，产品的价格是根据成本、利润和税金三部分来确定的。成本可分解为固定成本和变动成本。产品的价格有时是由总成本决定的，有时仅由变动成本决定。

成本又可分为社会平均成本和企业个别成本。就社会同类产品市场价格而言，主要受社会平均成本影响。在竞争很激烈的情况下，企业个别成本高于或低于社会平均成本，对产品价格的影响不大。

2．市场需求

产品价格除受成本的影响外，还受市场需求的影响，即受商品供给与需求的相互关系的影响。当商品的市场需求大于供给时，价格应高一些；当商品的市场需求小于供给时，价格应低一些。反过来，价格变动影响市场的需求总量，从而影响销售量，进而影响企业目标的实现。因此，企业制定价格就必须了解价格变动对市场需求的影响程度，反映这种影响程度的一个指标就是商品的价格需求弹性系数。

3．竞争因素

市场竞争也是影响价格制定的重要因素。根据竞争程度的不同，企业定价策略会有所不同。按照市场竞争程度，可以分为完全竞争、不完全竞争与完全垄断三种情况。

1）完全竞争

完全竞争也称自由竞争，是一种理想化了的极端情况。在完全竞争条件下，买方和卖方都大量存在，产品都是同质的，不存在质量与功能上的差异，企业自由地选择产品生产，买卖双方能充分地获得市场情报。

在这种情况下，无论是买方还是卖方都不能对产品价格进行影响，只能在市场既定价格下从事生产和交易。

2）不完全竞争

不完全竞争介于完全竞争与完全垄断之间，它是现实中存在的典型的市场竞争状况。在不完全竞争条件下，最少有两个以上买方或卖方，少数买方或卖方对价格和交易数量起着较大的影响作用，买卖各方获得的市场信息是不充分的，他们的活动受到一定的限制，而且他们提供的同类商品有差异，因此，他们之间存在一定程度的竞争。

在不完全竞争情况下，企业的定价策略有比较大的回旋余地，既要考虑竞争对象的价格策略，也要考虑本企业定价策略对竞争态势的影响。

3）完全垄断

完全垄断与完全竞争相反，是指一种商品的供应完全由独家控制，形成独占市场。在完全垄断竞争的情况下，交易的数量与价格由垄断者单方面决定。完全垄断在现实中也很少见。

4．其他因素

企业的定价策略除受成本、需求及竞争状况的影响外，还受到其他多种因素的影响。这些因素包括政府或行业组织的干预、消费者习惯和心理等。

1）政府或行业组织的干预

政府为了维护经济秩序，或为了其他目的，可能通过立法或者其他途径对企业的价格策略进行干预。政府的干预包括规定毛利率，规定最高、最低限价，限制价格的浮动幅度或规定价格变动的审批手续、实行价格补贴等。

2）消费者习惯和心理

价格的制定和变动在消费者心理上产生的反应也是制定价格策略必须考虑的因素。在现实生活中，很多消费者存在"一分钱、一分货"的观念。面对不太熟悉的商品，消费者常常从价格上判断商品的好坏，从经验上把价格同商品的使用价值挂钩。消费者心理和习惯上的反应是很复杂的，某些情况下会出现完全相反的反应。例如，在一般情况下，涨价会减少购买，但有时涨价会引起抢购，反而会增加购买。

6.2 定价的主要方法

企业最常用的定价法有成本导向定价法、需求导向定价法和竞争导向定价法三种。

6.2.1 成本导向定价法

成本导向定价法是以产品的成本为中心，制定对企业最有利的价格的一种定价方法，包括成本加成定价法、变动成本定价法、盈亏（收支）平衡定价法。

1. 成本加成定价法

成本加成定价法是一种最简单的定价方法，即在产品单位成本的基础上，加上预期利润作为产品的销售价格。售价与成本之间的差额就是利润。由于利润的多少是有一定比例的，这种比例就是人们俗称的"几成"，因此这种方法就称为成本加成定价法。采用这种定价方式，一要准确核算成本；二要确定恰当的利润百分比（加成率）。在这种定价方法下，把所有为生产某种产品而发生的耗费均计入成本的范围，计算单位产品的变动成本，合理分摊相应的固定成本，再按一定的目标利润率来确定价格。

计算公式为：

$$单位产品价格=单位产品总成本×（1+目标利润率）$$

例如，某电视机厂生产 2 000 台彩色电视机，总固定成本为 600 万元，每台彩色电视机的变动成本为 1 000 元，确定目标利润率为 25%。则采用成本加成定价法确定价格的过程如下：

单位产品固定成本：6 000 000 元÷2 000 台=3 000 元/台。

单位产品变动成本：1 000 元/台。

单位产品总成本：4 000 元/台。

单位产品价格：4 000 元/台×（1+25%）=5 000 元/台。

采用成本加成定价法，确定合理的成本利润率是一个关键问题，而成本利润率的确定，必须考虑市场环境、行业特点等多种因素。某一行业的某一产品在特定市场以相同的价格出售时，成本低的企业能够获得较高的利润率，并且在进行价格竞争时可以拥有更大的回旋空间。

2．变动成本定价法

变动成本定价法也称边际贡献定价法。边际贡献就是销售收入减去变动成本后的差额。如果用单位产品表示，就是单位边际贡献等于单价减去单位变动成本。这种定价方法的要点为：只要单价大于单位变动成本，也就是说，只要边际贡献大于零，这样的价格就是生产企业可以接受的。

在变动成本定价法中，只计算变动成本，暂时不计算固定成本，而以预期的边际贡献补偿固定成本并获得利润。只要单价大于单位变动成本，即只要边际贡献大于零，这样的价格就是生产企业可以接受的。

3．盈亏（收支）平衡定价法

盈亏（收支）平衡定价法也称保本点定价法，这种方法中，企业按照生产某种产品的总成本和该产品的销售收入保持平衡的原则来制定产品的价格。

简单地说，收支平衡定价法就是利用收支平衡点来确定价格的水平，即销售量在某一数量时，价格应定到什么水平，企业才保证不发生亏损；反过来说，已知价格在某一水平时，该产品应销售多少，才能保本。因此，主要问题是计算总收入和总成本相等的保本点。

6.2.2　需求导向定价法

1．市场认可价值定价法

市场认可价值定价法就是公司首先通过市场研究该产品由于质量、服务、广告宣传等因素在顾客心目中所形成的价值，根据顾客所认可的产品价值，而不是靠卖主的成本定价来确定产品的售价。市场认可价值定价法的关键在于，公司要对顾客承认的产品价值有一个正确的估计和判断。公司要进行市场调查，找到准确的顾客认可价值。

市场认可价值定价法的关键在于，公司要对顾客承认的产品价值有一个正确的估计和判断。

2．需求差异定价法（需求差别定价法）

需求差异定价法就是根据市场对产品的需求强度不同而定出不同的价格。价格的差别并不和成本成比例。所谓需求强度是指对某种产品需求的迫切程度。需求差别定价法的主要形式有以下几种。

1）以顾客为基础的差别价格

公司对同一种产品，根据顾客的需求强度不同和专业程度的不同，而定出不同的价格。例如，供电公司对民用电收费高，因为其需求弹性小；对工业用电收费低，因为其需求弹性大。如果对工厂的收费高于厂内发电设备运转的费用，工厂就会自己发电。

2）以产品改进为基础的差别价格

对一项产品的不同型号确定不同的价格，但是价格上的差别并不和成本成比例。

以产品改进为基础的差别定价是需求差别定价法的一种，是对一项产品的不同型号确定不同的价格，但是价格上的差别并不和成本成比例。有三种洗衣机分别为 A 型、B 型、C 型。A 型是普及型洗衣机、单缸，成本为 150 元，售价为 180 元。B 型洗衣机带甩干筒、双缸，成本为 200 元，售价为 400 元。C 型洗衣机带甩干筒、全自动，成本为 400 元，售价为 850

元。这三种型号的洗衣机因为成本不同，当然售价要有所不同，但是后面的两种型号，较高售价不仅反映了更多的生产成本，而且反映了更大的顾客需求强度。但有时候，成本高的产品，毛利率反而低，而简易型的产品毛利率反而高。

3）以地域为基础的差别价格

根据同一种产品在不同的地理位置的市场存在不同的需求强度，定出不同的价格。但需要注意的是，定价的差别并不和运费成比例。例如，我国出口的传统产品茶叶、生丝、桐油等在国际市场上需求旺盛，我们定价就应该比国内高得多。再如，旅游点和名胜古迹地区的宾馆、饮食，定价通常也高于一般地区。

4）形象定价

同样的产品采用不同的包装后，定出的价格不同。例如，同样的白酒，加上精致的包装盒，价格就会高出一倍甚至更多。

5）时间定价

时间定价是指价格随季节、日期或钟点的变化而变化。当产品的需求随着时间的变化而有所变化时，对同一种产品在不同的时间段应制定不同的价格。例如，长途电话在周末、节假日和工作日的收费不同；在不同的旅游季节，旅游点的门票及宾馆住宿费用也会发生变化等。

6.2.3 竞争导向定价法

所谓竞争导向定价法是指完全根据竞争的需要，以竞争者的价格为定价基础，充分考虑本企业产品的竞争能力，选择有利于在市场竞争中获胜的定价方法。

常见的竞争导向定价法有随行就市定价法、渗透定价法和投标定价法，下面对部分方法进行介绍。

1．随行就市定价法（流行水准定价法）

随行就市定价法（流行水准定价法）是将本行业平均定价水平作为本企业定价标准的一种定价方法。公司产品的价格与同类产品保持平均水准，因此，也叫流行水准定价法。这种方法用于企业难以对顾客和竞争者的反应做出准确的估计，自己又难以另行定价的情况，主要适用于同质产品，如食品、纸张、钢铁、肥料等。

随行就市定价法容易与同行业和平共处，并且易于集中本行业的智慧，获得合理的收益，少担风险。

在完全竞争的市场条件下，因为产品价格完全是由市场自发形成的，某个公司如果把价格定得高于流行价格，就会失去市场和顾客；同时，也没有必要把价格定得低于流行价格，因为在流行水准的价格水平时，产品就可以达到令人满意的销售水平。因此，经营同质产品的公司只能毫无选择地按流行水准定价，毫无定价策略可言。

2．渗透定价法

渗透定价法是指把产品的价格定得比流行价格水准要低，但是，并不像倾销价格那样相差悬殊，而且着眼于维持一个较长的时间，并有可能进一步下降，以应对竞争形势变化。

渗透定价法是以打进新市场或扩大市场占有率、巩固市场地位为目标的定价策略，其显著特点是价格偏低，低到什么程度完全根据竞争形势的需要确定，而不顾成本。采用这种定价策略时，成本和利润要在较长的时间内才能收回。

6.3 定价策略

价格是公司经营者最重要的决策之一，公司的市场营销人员需要分析诸多影响的因素，然后再选择一种初始定价方法。公司首先要确定从特定的产品中实现什么目标，如果目标市场和市场定位已经选择好，定价就容易了。

6.3.1 企业的定价目标

定价目标是指企业通过制定产品价格，所要达到的预期目的。它是企业选择定价方法和制定价格的依据，是企业制定价格的首要因素及出发点，是价格决策中最高层次的决策。

不同的定价目标，会导致企业制定不同的价格。可供企业选择的定价目标是多种多样的，因此，企业在定价时应对定价目标加以合理取舍。企业通过定价可以实现如图 6-3 所示的目标。

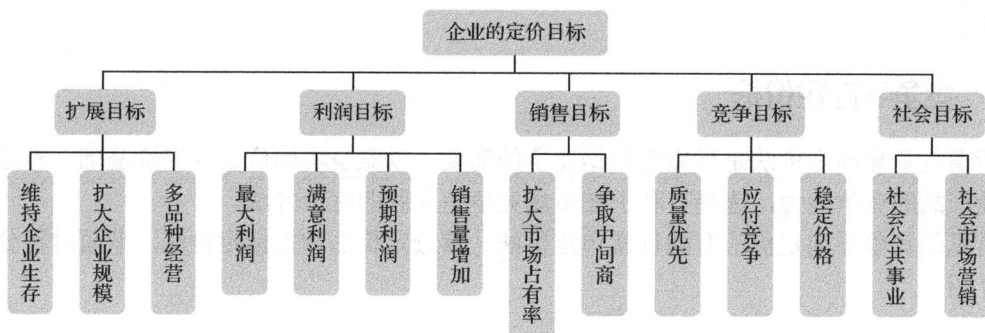

图 6-3 企业的定价目标

企业的定价目标是以满足市场需要和实现企业盈利为基础的，它是实现企业经营总目标的保证和手段。同时，又是企业选择定价策略和定价方法的依据。

6.3.2 产品定价策略

1. 新产品定价策略

有专利保护的新产品的定价可采用撇脂定价法和渗透定价法。

1）撇脂定价法

撇脂定价法就是企业利用新产品的特点和尚无竞争对手的有利条件，将其价格尽可能定高，力争在短期内赚取更多利润，尽快收回投资，这种定价法是对市场的一种榨取，如同从牛奶中撇取奶油一样。

撇脂定价法追求在短期内获得最大利润，运用它可以迅速补偿研究与开发的费用，获取高额利润，并掌握调价的主动权。但定价偏离价值会损害消费者的利益，不利于市场开拓；高定价易诱发盲目竞争，盲目发展，造成不必要的浪费。因此，采取这种策略一般应具备以下三个条件。

（1）没有类似替代品，价格需求弹性小。

（2）有足够的消费者能够接受这种高价格并愿意购买。

（3）竞争者在短期内不易打入该产品市场。

2）渗透定价法

在新产品投放市场时，价格定得尽可能低一些，其目的是获得最大销售量和最大市场占有率。这种方法是将投入市场的新产品价格定得尽量低，使产品迅速打开和扩大市场，对竞争者的加入予以排斥。但是，由于新产品一开始就实行低价策略，往往会影响本企业同类旧产品的销量，从而缩短同类产品的市场寿命周期；倘若因成本变化等原因需要提高价格，因为前期的低价消费者已经习惯，所以市场很难接受。

采取这种策略应具备以下三个条件。

（1）市场上已经有这种产品的许多类似的替代品，需求弹性比较大，目标市场对价格比较敏感。

（2）企业资金雄厚，大批投产后单位产品的成本会有较大幅度的下降。

（3）新产品没有显著特色，市场竞争激烈。

2．心理定价策略

商品进入流通环节后，只有被消费者购买，才算销售出去。消费者的购买行为是受其消费心理等多种因素支配的（见表 6-1）。所以，企业在确定价格策略时，应针对消费者心理，制定出有吸引力的价格。心理定价策略是根据消费者的消费心理来定价的，有以下几种方法。

表 6-1　消费者对不同价格表现方式的心理活动

价 格 表 示	顾 客 认 知
20 元	"这是常规的价格"
19.99 元	"这是廉价商品"
促销价格：只需 20 元	"我可以买到促销品"
要价 20 元，节省 5 元	"我能省点钱"
原价 25 元，现价 20 元	"价格已经降了"
20 元（已经降价 35%）	"降价幅度较大"
我们的价格是 20 元	"这个价格比竞争对手低"
20 元，折扣 5 元	"最好今天就买，别错过了打折"
印刷体的价格标牌	"常规价"
手写的价格标牌	"他们刚降了价"

1）尾数定价

尾数定价就是在制定产品价格时，以零头尾数结尾。根据心理学研究，消费者习惯上乐于接受尾数价格而不喜欢整数价格，如 19 元的商品销量远比 20 元的销量多。

许多商品的价格，宁可定为 0.98 元或 0.99 元，而不定为 1 元，是适应消费者购买心理的一种取舍，尾数定价使消费者产生一种"价廉"的错觉，比定为 1 元反应积极，促进销售。

2）整数定价

整数定价与尾数定价方法正好相反，它不是为了给人以低廉的感觉，而是有意把价格定成整数，以显示商品的名贵。所以，整数定价法是指企业在制定价格时，将产品价格以整数结尾的定价方法。整数定价法适用于高档消费品或有特色的商品，尤其在购置贵重商品时，迎合消费者认为较高价格意味着较高质量的求贵心理，给人"一分钱、一分货"的感觉，如钢琴、家电等产品的定价常采用这种方法。

3）声望性定价

声望性定价是针对消费者求名的心理动机而采取的定价。一个品牌的商品成了名牌，消费者对它产生了信任，价格就可以定得高一些，这就是声望性定价。尤其是具有声望价值的商品，如贵重首饰、文物古玩、高级礼品等常采用这种定价方法。

4）习惯性定价

一些日用品由于消费者经常购买，形成了一种习惯价格，即消费者习惯于按此价格购买，如打火机、肥皂、雪糕等。其价格家喻户晓，这类商品价格不能轻易、频繁地变动，而应该按照习惯定价，否则会引起消费者的不满。

3．折扣和折让定价策略

大多数企业通常酌情调整其基本价格，以鼓励顾客及早付清货款、大量购买或增加淡季购买，这种价格调整叫作价格折扣和折让。

1）现金折扣

现金折扣是公司为了加速资金周转，给尽快付清货款的买主的一种减价措施。因为货款回收慢会增加资金占用和坏账风险，因此，为了加速资金周转和减少风险，通过现金折扣鼓励买方及早付款。

许多行业习惯采用此法以加速资金周转，特别是在西方很流行，用以减少收账费用和坏账。

2）数量折扣

数量折扣是企业给那些大量购买某种产品的顾客的一种折扣，以鼓励顾客购买更多的货物。企业会根据顾客每一次或一定时间内的商品交易数量或金额的大小，分别给予对方不同的价格待遇，以此鼓励顾客大量购买，而大量购买又能使企业降低生产、销售等环节的成本，增加利润。例如，顾客购买某种商品 100 个以下时，每个 10 元；购买 100 个以上时，每个 9 元。

数量折扣是公司给大量购买的顾客的一种减价措施。购买越多，折扣越大，以鼓励顾客大量购买。

3）职能折扣

职能折扣也叫贸易折扣，是指当贸易渠道的成员愿意执行一定的职能时，如销售、储存等，制造商给予中间商的一种额外折扣方法，使中间商可以获得低于目录价格的价格。例如，某制造商向零售商报价 100 元，折扣为 40%及 10%。就是说该产品零售价为 100 元，而零售商的成本为 100 元×（1–40%）=60 元，批发商的成本为 60 元×（1–10%）=54 元。

4）季节折扣

季节折扣适用于季节性强的商品，生产商利用这种折扣鼓励批发商、零售商早期购货，以减少自己的资金负担和仓储费用，并有利于均衡生产。

例如，旅馆、旅行社和航空公司，在旅游淡季给顾客一定的折扣优惠，目的是使自己的资金、设备能充分利用，提高经济效益。

季节折扣是企业鼓励顾客淡季购买的一种减让措施，使企业的生产和销售一年四季都能保持相对稳定。

4．差别（歧视）定价策略

企业往往根据不同顾客、不同时间和场所来调整产品价格，实行差别定价，即对同一产品或服务定出两种或多种价格，但这种差别不反映成本的变化，主要有以下几种形式。

1）顾客细分定价

企业把同一种商品或服务按照不同的价格卖给不同的顾客。例如，公园、旅游景点、博物馆将顾客分为学生、年长者和一般顾客，对学生和年长者收取较低的费用；铁路公司对学生、军人售票的价格往往低于一般乘客；自来水公司根据需要把用水分为生活用水、生产用水，并收取不同的费用；电力公司将电分为居民用电、商业用电、工业用电，对不同的用电收取不同的电费。

2）产品形式差别定价

企业按产品的不同型号、不同式样，制定不同的价格，但不同型号或式样的产品其价格之间的差额和成本之间的差额是不成比例的。例如，33 寸彩电比 29 寸彩电的价格高出一大截，可其成本差额远没有这么大；一条裙子定价 70 元，成本为 50 元，可是在裙子上绣一组花，追加成本为 5 元，价格却可定到 100 元。

3）形象差别定价

有些企业根据形象差别对同一产品制定不同的价格。这时，企业可以对同一产品采取不同的包装或商标，塑造不同的形象。如香水商可将香水放入一只普通瓶中，赋予某一品牌和形象，售价为 20 元；而同时用更华丽的瓶子装同样的香水，赋予不同的名称、品牌和形象，定价为 200 元。或者用不同的销售渠道、销售环境来实施这种差别定价。如某商品在廉价商店低价销售，但同样的商品在豪华的精品店可高价销售，辅以针对个人的服务和良好的售货环境。

5．竞争性调价策略

企业在产品价格确定后，由于客观环境和市场情况的变化，往往会对价格进行修改和调整。

1）降价

企业在出现以下情况时必须考虑降价。

（1）企业生产能力过剩、产量过多，库存积压严重，市场供过于求，运用其他营销手段难以打开销路，只能以降价来刺激市场需求。

（2）面对竞争者的"削价战"，企业不降价将会失去顾客或减少市场份额，为了能在竞争中获胜，利用降低价格来扩大市场占有率。

（3）科学技术不断进步，劳动生产率不断提高，生产成本逐步下降，其市场价格也相应降低。

降价往往会引起同业者的不满，引发价格竞争。因此，当遇到市场商品供过于求时，企业首先应千方百计地改进产品，努力推出适销对路的产品，不到万不得已时，绝不能轻易降价竞销。

2）提价

提价一般会遭到消费者和经销商的反对，但出现以下情况时不得不提高价格。

（1）通货膨胀。物价普遍上涨，企业生产成本必然增加，为保证利润，不得不提高价格。

（2）产品供不应求。在这种情况下，提价一方面可以使买方之间展开激烈竞争，争夺货源，为企业创造有利条件；另一方面也可以抑制需求过快增长，保持供求平衡。

企业在对产品进行价格调整时，应该慎重。在同质产品市场，如果竞争者降价，企业必随之降价，否则企业会失去顾客。某一企业提价，其他企业也随之提价（如果提价对整个行业有利），但如有一个企业不提价，最先提价的企业和其他企业将不得不取消提价。

小思考：
　　当你购买商品时是否注意商家使用的是哪种定价方法？请举例说明。

在异质产品市场，购买者不仅要考虑产品价格的高低，还要考虑质量、服务、可靠性等因素，因此购买者对较小价格差额无反应或反应不敏感。面对竞争者价格调整，企业在做出反应时，首先必须分析：竞争者调价的目的是什么？调价是暂时的，还是长期的？能否持久？企业面临竞争者应权衡得失：是否应做出反应？如何反应？另外还必须分析价格的需求弹性，产品成本和销售量之间的关系等复杂问题。

企业要做出迅速反应，最好事先制定反应程序，到时按程序处理，提高反应的灵活性和有效性。

本章小结

企业的定价目标的选择，应当建立在需要与可能的基础上，坚持全局观念，保持各自目标的一致性，并视具体情况及时加以更改。在不同的目标下，应根据实际情况，选择适当的定价方法和定价策略。影响企业产品定价的主要因素有：产品成本、市场需求、竞争因素、国家政策及消费者习惯和心理等。定价的主要方法有：成本加成定价法、变动成本定价法、盈亏平衡定价法、市场认可价值定价法、需求差异定价法、随行就市定价法、渗透定价法和招投标定价法等。企业在选择定价策略时，对于新、旧产品可采用不同的定价、调价策略，实行心理定价策略及折扣和折让定价策略，也会有利于产品销售。

习题 6

一、填空题

1. 提价一般会遭到_____和_____的反对。

2. 企业定价目标的选择，应当建立在_____与可能的基础上。

3. 有专利保护的新产品的定价可采用撇脂定价法和_____。

4. _____是公司经营者最重要的决策之一。

5. 企业最常用的定价法有成本导向定价法、_____和竞争导向定价法三种。

二、判断题（正确的画"√"，错误的画"×"）

1. 企业在选择定价策略时，对于新、旧产品可采用不同的定价、调价策略。（　　）

2. 企业在对产品进行价格调整时，可以不慎重。（　　）

3. 马克思主义理论告诉人们，商品的价值是构成价格的基础。（　　）

4．降价不会引起同业者的不满。（　　　）

案例分析6

年销20亿元的"小罐茶"，是国民智商的悲哀吗

2014年年底才成立的"小罐茶"火了！一款24个小罐包装的茶叶，价格在500～1 000元不等，别看卖得贵，销量却出奇的好，有业绩为证：2018年凭借着仅20亿元的年收入异军突起，牢牢占据了3 600亿元体量的茶行业第一的宝座。仅4年时间，"小罐茶"便做出了年销20亿元的成绩，要知道，具有300年历史的八马茶业，其公布的2017年上半年营业收入仅为2.71亿元。

果然，没有对比就没有伤害。那么，"小罐茶"是如何成功的呢？

从"背背佳"到"小罐茶"，都是杜国楹的爆品工厂。

茶，是中国辉煌的传统文化，从古至今都是世界级的骄傲。据《中国茶叶市场》数据，中国有约7万家茶企，它们其中不乏有百年历史的老企业，也有如同"小罐茶"一样的新企业，但唯独"小罐茶"超越老牌茶企快速崛起，这一切的背后，都离不开杜国楹的商业敏锐感。

杜国楹是谁？

1998年，一款号称能矫正青少年脊背问题的"背背佳"突然火了，仿佛一夜之间进入人们的视野，从"颇具权威"的电视上到大街小巷都是它的广告，仅仅一年时间销售额就突破了4.5亿元，这是杜国楹的第一次创业。

2003年时，一台"好记星"掀起了全国学习英语的热情，这一次杜国楹以武汉为起点占领全国，借助彼时大火的传统纸媒，连续在武汉投放150个报纸整版广告，全面轰炸人们的视觉，半年销量便突破2亿元，最终好记星销量累计破10亿台，稳坐学习机第一把交椅。2007年，笔电行业逐渐爆发，杜国楹顺势收购了名人堂计算机，改为"E人E本"，由此开启了中国iPad的征程。长年累月的广告，当红大咖（冯小刚、葛优）的代言，一举树立了其高端形象，最终"E人E本"累计销售16亿元，到后期被清华同方收购，杜国楹又净赚了7亿元。

从此时开始，杜国楹敏锐地察觉到了"高端"产品的市场，于是当手机市场全面爆发时，一款名为"8848"天价手机面市，最低9 999元的价格令人咂舌，然而销量却出奇的好，仅仅2年时间，就销售20亿元！随后便是今天要说的"小罐茶"了，在发展缓慢的传统茶饮行业，竟做到了4年便赚足20亿元的成绩。

总之，从"背背佳"到"好记星"，再到"E人E本""8848""小罐茶"，杜国楹凭借其敏锐的市场洞察力，一步步占领了高端消费市场。

爆款思维，营销天才。全民创业的时代，同质化问题越来越严重，但杜国楹数次创业都能取得巨大的成绩，我们观察其项目不难发现一些共通性。

1．掌握人性的洞察

消费者洞察，关系到品牌核心价值的远见与抉择，杜国楹的成功，对人性的洞察是基础，而对人性的洞察则离不开其自身对生活的关注。

拿"背背佳"和"好记星"来说，它们的出现得益于杜国楹做老师时对孩子们的关注，他以孩子们的现状为出发点，从为人父母的角度思考问题，最终产出了"背背佳""好记星"来解决问题。后期到"8848"或"小罐茶"时，杜国楹则以贯穿着人们一生的"面子"问题出发，以配得上目标人群"身份"的高档品来直击痛点。

也就是说，真正能让消费者买单的产品，定然是与消费者自身息息相关的东西，从观察到提炼出问题，

到找到解决办法，从消费者自身的角度出发，才会引起消费者的广泛关注。

2. 走差异化路线

差异化是老生常谈的问题，但又是品牌必须面对的问题，是同质化的最好解决方式，因为产品可以复制，但创新能为产品赋予新的生命力。无论是"背背佳""好记星"，还是"E 人 E 本""8848"，或者是"小罐茶"，它们并不是新的品类，且市场上早已有了大量的存在，但杜国楹能为它们创造新的卖点。拿"8848"来说，这款手机可以说是"总裁"专用，从代言人是商界奇才王石，到产品自身的"钛合金"材质，无一不在显示这款手机的高端性，一下子与大众手机拉开了差距，而"小罐茶"的道理也是如此。

只有通过差异化的打法，才能让消费者眼前一亮，进而让目标人群买单。

3. 高频广告，轰炸消费者的心智

有了产品，品牌需要通过高效曝光来让消费者产生辨识度和认知度。杜国楹不怕砸钱，前期必要的广告费用哪怕支出再大，杜国楹都舍得花大价钱，铺天盖地的广告应该是杜国楹玩得最溜的手法。拿"好记星"来说，连续 150 个报纸整版广告，最高时期，一周高达 11 个整版广告，而彼时的杜国楹就连创业的钱都是借来的。通过高频广告的轰炸，哪怕短时间内无法获得销量转化，也能让消费者产生记忆点，起到影响消费者心智的作用。

4. 品牌化

一流的企业销售品牌，二流的企业销售产品，三流的企业销售劳动，做产品不如做品牌，杜国楹堪称深谙此道。

拿"小罐茶"来说，茶叶生意虽不温不火，但饮茶是中国人的传统，这个市场远比想象中巨大，但从目前市面来看，真正让人熟知的品牌并不多，相反品类却深入人心。杜国楹以标准化、精致化来做品牌，通过8 位非物质文化遗产大师加持为品牌背书，弱化品类效应，将品牌传达进消费者的心智。再比如，2016 年登陆央视的广告，不强调产品的优秀，反而不断强化"小罐茶"8 位大师的传统工艺。而看完整部片子，相信很多人的第一感觉都是——高端，无论是背景，还是文案，都透着一股"土豪"气。

从"背背佳"到"小罐茶"的火爆，都贯穿着杜国楹的爆款思维，说他是营销天才毫不为过。

"天价"茶的背后，是国民"智商税"？然而，盛名之下，杜国楹收获的却不是赞扬，而是各种质疑，最直接的便是产品夸大其词、质不配位。如果我们从"品牌税"的角度出发，或许会有不一样的解释，毕竟没有人喜欢"智商税"这个说法。品牌税即品牌除了质量之外，能为消费者带来的其他价值，如身份地位的象征，或者是独特的服务体验，或者是能为消费者提供什么样的心理满足感。

"小罐茶"从面市开始走的就是中高端定位路线，所以无论是产品代言人还是宣传，都在朝着这个定位走，也由此成功树立起了品牌的高端形象。

而且，"小罐茶"真的贵吗？不了解茶叶市场的人可能不知道，5 000 元一斤的茶，其实也就是中等价位的，"小罐茶"胜就胜在了包装精致及其品牌溢价。当然，质量跟得上营销才是真正的品牌之道。

【案例思考】

1. 杜国楹将产品价格定高的基础是什么？

2. "小罐茶"为什么能成功？

实训6

课堂训练：运用价格策略

主　　题：亏本买卖要不要做

课　　时：2学时

地　　点：教室

过程设计：① 先将所有学员分组，各组先阅读、讨论老师所给的下述案例。

　　　　　　　　小张开了间网吧，每天要支付的固定成本（如房租等）为100元，变动成本（如人员的工资、水电等）为60元。最近店面前的马路在拓宽改造，到这里上网的人较少，因此，网吧每天的收入只有100元。扣除每天要支付的人员工资等变动成本60元，就只剩下40元了，而房租等固定成本却要100元。很明显，如果继续经营，小张每天要亏损60元；但如果不经营，房租合同还没到期。如果涨价，那么就没人来上网了。小张困惑了，这样的生意还能做吗？

　　　　　② 请各组代表上讲台发言，并阐述自己的观点和理由。

　　　　　③ 授课教师进行点评。

目　　的：① 理论联系实际，充分理解、掌握所学知识。

　　　　　② 培养学生的团队精神和合作意识，激发学生的学习兴趣和参与意识。

　　　　　③ 提高学生语言组织及表达能力，帮助学生克服性格障碍，并锻炼学生的沟通能力。

考核指标：① 对成本导向定价法的理解是否充分。

　　　　　② 论据是否充分、准确。

　　　　　③ 语言表达是否准确、有条理。

　　　　　④ 动作、表情是否自然、大方。

建　　议：① 授课教师可根据学生具体情况适时进行点评。

　　　　　② 由此延伸，可以加一些成本核算的内容。

　　　　　③ 可以组织不同观点的小组进行辩论。

实战演习：价格策略的探究

主　　题：要不要报团旅游

时　　间：2周（课外）

目　　的：① 通过市场调查了解各大旅行社旅游线路报价的变化规律。

　　　　　② 理论联系实际，理解和掌握产品价格策略的原理和方法。

　　　　　③ 调动学生自主学习的积极性，培养学生开展市场调查的能力。

　　　　　④ 培养学生进行全面、深入地分析问题的能力。

实施方案：① 请同学们认真策划调查实施方案。

　　　　　② 将全班学生分为若干小组。可以由老师分组，也可以让学生自由组合。

　　　　　③ 调查时间为2周，学生可以根据具体情况安排调查活动。

　　　　　④ 要求学生将最后得出的调查结论以调查报告的形式呈交，比较各小组的调查方法及结论。

建　　议：① 每组可选取某一旅游线路。

　　　　　② 学生在调查时间的安排上可以选取淡季或旺季。

第 7 章 分销渠道策略

引例 7

正面宣战！奥克斯"互联网直卖"模式再掀空调行业革命

奥克斯空调形象代言人黄渤拍摄的一支 TVC 在央视、浙江卫视、腾讯视频、中国之声及微信、微博等多个平台全面上线。广告片中，黄渤诙谐地揭示出传统空调销售模式差价叠加的获利机制，那句对奥克斯空调"互联网直卖"（见图 7-1）的核心阐释——"厂家直供到终端，没有层层代理加价"更是深入人心。TVC 上线之后，奥克斯空调再一次成为行业关注的焦点，而奥克斯的"互联网直卖"模式也引发了广大消费者的热议，传统模式弊端尽显，市场亟待全新模式破局。TVC 虽然只有 15 秒，背后却暗示着空调行业的销售模式即将迎来全面变革。而这还得从现有的空调销售模式说起。目前，传统空调品牌销售普遍采用层级代理模式，这种主导了国内空调产业 30 多年的模式，其形成过程可追溯到改革开放初期。

图 7-1 奥克斯空调"互联网直卖"

在那个年代，空调属于稀缺品，拥有代理权也就意味着拥有话语权，掌握货源的代理商可以向辖区内的下级区域设置多个分销商，从省级到市级，再到乡镇，厂家与用户之间便有了层层代理商。另外，改革开放之初，国内消费市场正从计划经济向市场经济逐渐过渡，借助代理商拓展市场是行之有效的途径，再加之那个时代的信息流通性和时效性较差，信息不对称也给了代理商操作市场层级的空间。

每个时代都会有一个明显的时代特征，也就会有与时代相适应的市场营销模式。如今，在互联网时代下，信息变得更加迅捷、公开、透明，传统层级代理模式的种种弊端暴露无遗，中间商和用户不愿继续为不必要的层级加价买单，显然，这种陈旧的模式已经不符合时代发展趋势。如何进一步减少层级、缩短通路、降低成本才是当今时代商业变革的趋势，国内空调消费市场亟待全新模式的出现。在这种环境下，奥克斯空调"互联网直卖"模式应运而生。奥克斯空调"互联网直卖"模式看似简单，实质上则是对主导国内空调销售模式的一次革命。正如奥克斯集团掌舵人郑坚江所言，传统的空调销售模式未来肯定会被新的商业模式所颠覆，奥克斯通过互联网嫁接传统渠道，创新线上、线下双轮驱动模式，用"互联网直卖"将层层中间商剥离，真正让利给消费者，带来优质优价的空调，更能让用户享受到送装一体、销服一体的便捷、高效服务。

对于企业而言，研发、生产产品的最终目的是通过满足消费者需要而实现交换，而要实现交换就必须有一定的分销渠道。这就如人体为了维持新陈代谢，要把养分输送到全身而离不开血管一样。本章主要讲述什么是分销渠道、分销渠道的构成，以及生产厂家应该如何选择销售渠道并对销售渠道进行科学的管理。

7.1　分销渠道概述

7.1.1　分销渠道的含义

分销渠道又称销售渠道、流通渠道，是指商品从生产者手中转移到消费者手中所经过的所有环节构成的途径。这些途径可以是生产者自设的销售机构，可以是批发商、零售商、代理商及中介机构等。在一个市场中，企业生产产品是为了满足消费者的需要，而只有通过流通环节才能实现其价值，保证企业再生产的顺利进行，以此在激烈的竞争中立于不败之地。所以，分销渠道是联系生产者和消费者的桥梁和纽带。

7.1.2　分销渠道的作用

选择什么样的分销渠道对整个商品的流通起着至关重要的作用。再好的产品，如果不能到消费者手中，一切只能是空谈（这也是物流业能够兴起的原因）。对消费者而言，没有满足需要；对生产者而言，也没有达到自己的销售目标，那么，企业如何才能实现自己的目标呢？

既然分销渠道在市场营销中占据着举足轻重的地位，那么，它在企业的生产过程中究竟发挥着怎样的作用呢？

1．融资的作用

厂家将产品卖给中间商（而不用最终到达消费者手中）就可将资金投入下一轮生产了，对于生产者而言，起到了融资的作用。

2．市场调查和寻找消费者的作用

生产者可以通过分销渠道了解当前市场的需求，寻找合适的消费者并了解其要求。

3．信息传递的作用

信息传递应是双向的，即分销渠道一方面要把企业的产品信息传递给消费者，并进行指导性购买和引导消费行为；另一方面要把消费者对产品的需求意见反馈给生产企业，使厂家按照市场需求来安排生产。

4．营业推广和推销的作用

一般而言，每一条分销渠道都有自己稳定的客源、广泛的市场联系、训练有素的营销队伍及专业化的促销手段，借助这些优势，生产企业可以有效地降低营销成本，提高销售效率。

5．服务的作用

分销渠道作为厂家和消费者的桥梁和纽带，在销售环节上可代表生产商发挥售前、售中和售后的服务作用。需要特别指出的是，大多数耐用消费品依赖售后服务。尤其是价格昂贵、技术性强、使用寿命长的产品，其使用成本往往大于产品的购买价格，因此，消费者十分看重售后服务。但因生产商与消费者的空间距离较远，直接提供售后服务比较困难，就由分销渠道发挥售后服务的作用。

分销渠道除上述作用外，根据其行业特点，还有其他作用。当然，并不是每个分销渠道都有以上所列的全部作用。一般来说，每个行业都有着自己的结构模式。

7.1.3 分销渠道的构成

分销渠道就是由一系列的销售机构组成的。这一系列销售机构，通过分工协作，完成各自的任务，最终在满足消费者需求的同时，获得自己的利益。这些机构又被称为渠道成员，它们可以分为三类：第一类是生产企业本身所拥有的销售体系，它们在法律上和经济上都不独立于企业，如销售办事处；第二类是受企业约束的销售系统，这类组织成员在法律上独立，但经济上通过合同的形式受企业约束，如代理商；第三类是不受企业约束的销售系统，它们无论是在法律上还是在经济上都是独立的经济组织，必须首先以自己的资金购买产品，取得产品所有权，然后才能出售商品，如大多数批发商和零售商。

在商品经济条件下，每天都在进行着错综复杂、各种各样的商品交换活动。产品从生产者到消费者，企业可以有多种选择。但是，由于工业用品和消费品的产品性质、购买对象、消费方式及竞争方式的不同，销售渠道的构成及特点也有差别。工业用品和消费品的分销渠道分别如图 7-2 和图 7-3 所示。

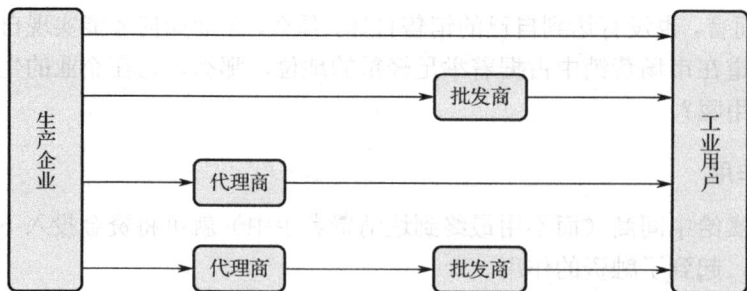

图 7-2　工业用品的分销渠道

从图 7-2 和图 7-3 可以看出，分销渠道链的长度各有不同，可以根据渠道层次的数目来加以区分，于是在产品及其所有权从生产者向消费者转移的过程中，会涉及许多执行不同功能的中间商，每一个中间商都构成一个层次。生产者和消费者则是分销渠道的两极。从产销结合程度的角度来区分最基本的构成形式有两种：直接销售和间接销售。

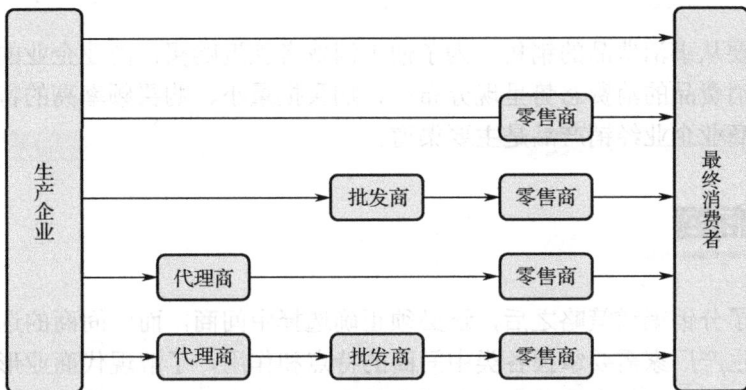

图 7-3　消费品的分销渠道

1）直接销售

直接销售，顾名思义，就是产品从生产商直接到消费者，不经过中间渠道环节。直接销售的最大优点就是销售的中间环节少，消费者购买产品的价格比在传统渠道下要低很多。直接销售的主要形式有以下几种。

（1）接受用户订货。这种方式特别适用于大宗工业用品。它是由供需双方签订合同或协议书，并按此执行，如化工原料、钢材、建筑材料；或是满足特殊需要的定制的工业用品，如建筑物、专用机械、电子设备；还有一些消费品，如定做的服装、鞋帽、家具等。

（2）自设分销机构、办事处或门市部。这种方式已被生产企业广泛地采用。有的企业在一些用户集中的城市设立分销机构，专门销售本企业的产品，作为取得订单和观察市场动态的窗口。

（3）登门推销。这种方式是通过企业的推销人员，采用上门访问、电话、信函和客户联系等方式，推广企业产品。

（4）邮售。这种方式是企业通过报刊、网络或电视等媒体广告，宣传产品，然后通过邮寄的方式将产品销售给用户。

（5）参加订货会、展销会。这也是直接销售的一条重要渠道。我国企业的主管部门或商业物资部门经常举办订货会和展销会。

生产企业对销售部门的管理表现在指标、权利和制度三个方面，一般通过合同来确定双方的责、权、利关系。

分销渠道对生产企业的要求一般有以下三个方面。

（1）按照目标市场需求，保质、保量、保规格、保时间发货。

（2）根据目标市场的具体情况灵活地进行营销价格的调整。

（3）在目标市场进行适当的广告宣传投入。

2）间接销售

在现代市场营销中，间接销售的运用比直接销售更为普遍，特别是消费品的销售。间接销售是指生产企业通过中间商把产品销售给用户，间接销售的中间商包括各种类型的物资企业和商业企业。

物资企业专门从事工业用品流通经营业务，如钢材、有色金属、化工原料、机电产品、石油等专业物资公司。它们负责重要的、通用的物资的中转销售，组织地区性或全国性的物资调换。它们拥有雄厚的资金和人力，并与产需单位有密切的业务联系，是工业用品销售的一条主要途径。

商业企业主要从事消费品的销售，为了便于消费者就近购买，商业企业的经营网点分布广泛。由于这类消费品的消费态势呈现分布广、购买批量小、购买频率高的特点，因此由商场、超级市场等商业企业经销产品是主要渠道。

7.2　选择中间商

企业在确定了分销渠道策略之后，还必须正确选择中间商，而中间商的选择正确与否关系重大。因此，生产厂家需要掌握各类中间商的特点和作用，了解现代商业形式的新发展。

中间商是指专门从事把产品从生产者手中转移到消费者手中的企业。中间商通过购买和销售产品，转移产品的所有权，以及将实物运送给卖方。

由于中间商能将不同生产者生产的有限品种和有限数量的产品汇集成很多的品种、较大的批量，以适应消费者多方面的需求，促进了社会专业化生产的发展。因此，生产企业才能各自生产较少的品种、较大的批量，并保持生产的稳定和高效率。从生产者的角度考察，生产企业的专长是从事生产，而不是销售，市场知识往往不如中间商丰富。中间商作为推销产品的专业机构，它承担了生产企业的许多销售职能，人们可以随心所欲地在各地的商店买到不同产地、不同生产者制造的产品，比较和选择并不需要花费多少时间和精力。

总之，中间商是经济、合理地组织商品流通所必需的，它们具有接近目标市场的优势和丰富的销售经验。在商品流通中，具有生产者和消费者不可替代的作用。

7.2.1　批发商

1．批发商的特点和作用

批发商是把商品转卖给零售商、其他批发商、直接使用的制造商及机关团体的商业组织。批发商与零售商的区别有以下三个方面。

（1）批发商服务的对象是非最终消费者的组织或个人，而零售商则销售产品给最终消费者，它是连接生产企业与生产企业、生产企业与零售商及其他组织客户的桥梁。

（2）批发商的业务特点是成批购进和成批售出，业务量比较大；而零售商则少量采购零散供应。

（3）由于批发商在商品流通中的地位不同，服务对象不同，一般都主要集中在工业、商业、金融业、交通运输业较发达的大、中、小城市，其数量比零售商少，其分布也远不及零售商那样广。

我们都知道出厂价比消费者进行购买时的价格便宜很多，但谁会为了买一条丝巾、一袋方便面千里迢迢到厂家去购买？

批发商之所以能生存和发展，正是因为以社会分工为基础的社会化大生产和大规模流通需要批发这个中间环节。首先，批发能卓有成效地为数量众多小型零售商和制造商提供服务。因为这些小型企业需要从很多供应者那里购进多种产品，以满足销售和生产的需要，但由于地理、资金、时间、运输等各方面的限制，往往没有力量直接或大批量购进。有了批发商，大量的零售商和工业用户能够就近、及时地买到商品。其次，批发商能为供应者（制造商）

完成多方面的职能。制造商的优势在生产方面，但在储存、运输、销售方面，以及估计零售商的销售潜力、价格变化、服务需求方面就大为逊色了。因此，批发商的介入，可以高效率地为制造商完成储存、运输、搜索市场信息、信用评价和分销等方面的职能。

2．批发商的类型

批发商按企业所有权和经营产品的所有权可以划分为三大类：独立批发商、代理商及经纪人、制造商及零售商自设的销售机构。

（1）独立批发商，是独立的企业，对经营的商品拥有所有权，也就是自己购进并销售产品的批发机构。独立批发商无论是在数量上还是在销售额上，在批发业中均居重要的地位。

（2）代理商及经纪人，是指从事购买或销售，或二者兼备的洽商工作，但不取得产品所有权的商业单位。与批发商不同的是，代理商及经纪人对其经营的产品没有所有权，其主要的职能在于促成产品的交易，借此赚取佣金作为报酬。

（3）制造商及零售商自设的销售机构，是指由制造商或零售商自行经营批发业务，而不通过独立的批发商来进行。

在 21 世纪的今天，现代大型连锁超市的兴起、厂家渠道的不断下沉，使得批发市场的地位不断被边缘化，在这种市场条件下，随着经济的发展，批发行业将主要通过兼并、合作和地区扩张来实现持续发展。网络的使用和日益推广，将有助于批发商在这方面开展业务。批发商在扩大其地区范围的同时，将越来越多地与物流公司合作。

7.2.2　零售商

2011 年 3 月，中国连锁协会发布"2010 年中国连锁百强"榜，苏宁电器集团、国美电器集团和百联集团继续名列前三。其中，苏宁电器集团以 1 270 亿元、981 家店铺的经营规模位列榜首，一举成为中国最大的商业零售企业。

1．零售商的概念

零售商是指将产品销售给最终消费者的中间商，是距离消费者或用户最近的市场营销的中间机构，是商业流通的最终环节。任何从事这种销售活动的机构，不论是制造商、批发商还是零售商，也不论这些产品或服务是如何销售或是在何处销售的，都属于此类范畴。而零售商或零售商店是指那些销售量主要来自零售的商业企业。

零售商的任务是为最终消费者服务，不仅将购入的产品拆零出售，还为顾客提供多种服务。零售商数量庞大，分布广泛，类型繁多。零售业相对来说难以集中和垄断，竞争激烈。

2．零售商的类型

零售商的类型千变万化，新组织形式层出不穷。零售商类型就像产品一样，也有寿命周期。一种零售商类型在某个历史时期出现，经过一个迅速发展的时期，逐步成熟，然后衰退，直至退出历史舞台。为了满足消费者对服务水平和具体服务项目的各种不同的要求，新的零售方式又在不断产生和壮大。

可以从五个方面对现代零售商进行分类，即经营产品范围、价格/服务水平、是否通过门市销售、企业所有权性质、企业地理位置。

（1）按经营产品的范围分类，可分为专用品商店、百货商店、大型超级市场和购物中心等主要类型。

（2）按价格/服务水平分类。大多数商店提供中等价格和一般的服务水平，部分商店提供优质优价的商品和较高水准的服务。还有三种以廉价招徕顾客的商店，它们是折扣商店、仓储商店和商品目录陈列室。

（3）按是否通过门市销售分类，可分为有门市的零售商和无门市的零售商。无门市的零售商主要有自动售货机（见图7-4）、邮购、电话订购、上门零售和购货服务公司等。

图7-4　自动售货机

7.3　分销渠道的管理

A 品牌的食品在同行业内是老大，可在 B 县销量总是上不去，其主要原因有以下几个方面。

（1）经销商是老客户，做这一品牌已有 5 年多了，思想僵化，不能很好地贯彻公司意图而且配合不力。

（2）经销商只做单一品牌，乡镇网络较差，配送能力跟不上，或者说根本不去乡镇送货。

（3）公司督促紧了销量就上去了，反之，销量就有较大的下滑，给竞争对手以可乘之机。

于是公司决定撤销其经销权。小刘负责该品牌在 B 县市场的销售工作，现在的问题是：

（1）原经销商出于报复心理，经常从别的区域倒货，恶性降低价格扰乱市场，造成价格混乱。

（2）经常出言贬低厂家和新经销商，给厂家和新经销商的名誉都造成了很不好的影响。

（3）价格的混乱导致终端客户进货时都持观望态度，很少进货，且给市场造成的遗留问题很多，如临期、过期产品很多，市场危机很大。

前期公司在选择代理商的时候为什么会失败？如果你是小刘，该市场交给你运作，你会怎么办？

7.3.1　影响分销渠道选择的因素

既然分销渠道长短不一，层次、数目也各不相同。那么，有人会问："是不是分销渠道越短越好，层次太多难于控制呢？"在这儿需要注意的是：对于分销渠道究竟应该如何选择，分销渠道的层次为多少要依据产品特点、市场因素等条件来决定，宜多则多，宜少则少。

分销渠道的选择必须与企业目标市场相符合，有利的目标市场还需要有利的分销渠道才能使商品销售顺利实现，企业必须确定到达目标市场的最佳途径。然而，分销渠道的决策，总是受到企业、产品、市场、经济管理体制和政策等因素的制约，一个企业在进行分销渠道决策的整个过程中，要全面考虑这些因素。

1．企业因素

由于生产企业自身在决定分销渠道的长短、控制分销渠道的能力等方面有着重要的影响，因此企业因素占据十分重要的地位。

1）自身实力和信誉

企业自身实力强、信誉好，就可以决定其市场范围、较大客户的规模及强制中间商合作的能力。

2）销售能力和经验

企业销售机构和销售人员的配备、销售业务的熟悉程度和经验，以及储存和运输能力也制约着分销渠道的选择，企业过去的渠道经验也会影响其渠道的设计。销售能力较弱的企业，只能过多地依靠中间商；而销售能力较强的企业，则可少用中间商。

3）经济效益的大小

采用直接销售还是间接销售，选用较多的中间环节还是较少的中间环节，都要以经济效益来比较，进而选择经济效益最大的销售方式。经济效益是企业选择分销渠道的重要因素之一，在这里还要把经济环境考虑进去。

2．产品因素

产品自身的特点对分销渠道的决策起着决定性的作用，具体表现在以下几个方面。

1）产品的易腐性和易毁性

对于那些易腐的、有效期短的产品（如水果），为了避免拖延时间及重复处理增加腐烂的风险，要求从生产者到达消费者的时间越短越好，采用尽可能短的分销渠道。对于易毁的产品（如字画、雕塑品等），也不宜采用过多的中间环节，以减少搬运中的毁损。

2）产品的价格

一般来说，产品的价格越高，就越应该减少中间环节。生产者都希望消费者以最便宜的价格购买到该产品。这也意味着使用较短的分销渠道，并免除那些会提高产品最终售价但并不必要的服务。企业可通过销售人员直接销售，或只经过很少的中间环节，以避免最终售价的提高。反之，价格较低的产品（如日常用品），它们的利润也低，就需要大批量销售，只有广泛采用中间商才能扩大销路，占据有利的市场地位。

3）产品的体积和质量

体积和质量对运输方式、仓储条件和流通费用有直接影响。那些与价值相比体积较大的产品（如矿石、建筑材料、机器设备等）需要从生产者到最终用户搬运距离最短、搬运次数最少的渠道；小而轻的产品（如化妆品），则有条件选择较长的分销渠道。

4）产品的技术性

有的产品具有很高的技术性（如精密仪器、成套设备），需要安装、调试和经常性的技术服务与维修。对于这类产品，通常由企业自己或授权独家专售特许商来负责销售和服务。

5）产品进入市场的时间

新研发产品刚进入市场，顾客往往不知道或不了解，需要大力推销和较多的营销费用，中间商一般不愿意承担销售工作。所以，新研发产品的销售一般多由生产企业自己来完成。

产品的安全性、花色、规格品种、样式、标准产品和定制产品等，对选择分销渠道也有重要的影响。

3．市场因素

市场状况也是企业选择分销渠道所要考虑的重要因素。

1）消费者的因素

（1）消费者的数量、地理分布、购买频率、平均购买数量，以及对不同促销方式的敏感性等因素都影响分销渠道的设计。消费者的数量多而分散，销售市场范围大，需要较多的流通环节；消费者的数量多，但很集中，则可采用较少的流通环节；消费者数量少时，企业可考虑采用直接销售的方式。

（2）消费者的购买习惯也影响分销渠道的选择。一些日用产品价格低廉，消费者无须仔细选择，希望随时能就近购买。因此，企业应多利用中间商，扩大销售网点；对于一些耐用消费品，则可使用较少的中间商。

2）竞争者的因素

生产企业的分销渠道设计，还受到竞争者所使用的渠道的影响。一般来说，企业对同类产品多采用与竞争者相同的分销渠道，因为某些行业的生产者希望在与竞争者相同或相近的经销处以便与竞争者相抗衡。例如，食品生产者就希望其品牌和竞争品牌摆在一起销售。有时，竞争者所使用的分销渠道反而成为生产者所避免使用的渠道。

4．经济管理体制和政策因素

国家物资、商业的管理体制，对企业选择商品分销渠道具有决定性的影响。国家对工农业产品的购销政策、税收法令、进出口政策、关税政策、国家的专卖制度（如烟、酒）是生产企业选择分销渠道时所必须考虑的重要因素。

7.3.2　分销渠道策略

作为企业决策者，必须对分销渠道有全面的认识。所采用的分销渠道策略，不仅要保证产品及时到达目标市场，而且要求设计（选择）的渠道销售效率高，销售费用少，能取得良好的经济效益。生产者在设计其分销渠道时，需要在理想渠道和可用渠道之间进行选择。一般来说，新企业在刚起步时，总是先采用在有限的市场上进行销售的策略，以当地市场或某一地区的市场为销售对象。因其刚刚开始经营，资本有限，只得选择中间商进行分销。新企业营销成功之后，就有可能拓展到新市场。市场较小时，它可以直接销售给零售商；市场较大时，它需要通过经销商来销售产品。

1．确定分销渠道目标

分销渠道目标是指企业预期达到的顾客服务水平及中间商应执行的职能等。每个生产者都必须在消费者、产品、中间商、竞争者、企业政策和环境等所形成的限制条件下，确定其分销渠道目标。那么，分销渠道目标怎样和企业目标市场相匹配呢？应对以下问题进行具体分析。

（1）企业的目标市场是什么？消费者是哪些？

（2）消费者购买企业产品的原因是什么？

（3）消费者在何时、何地购买？

（4）消费者想以什么方式购买？

通过对以上问题的分析，就可帮助企业确定目标市场对分销渠道的要求；明确企业的总体目标及市场营销策略对分销渠道的要求。在此基础上，便可拟订出分销渠道应达到的具体目标。事实上，以上正是分销渠道目标的展开和落实步骤。

2．是否采用中间商的决策

是否采用中间商的决策实际上是对直接销售还是间接销售的决策。在前面介绍过，直接销售和间接销售各有各的特点。在有些情况下，由生产企业直接销售产品，存在以下一些优势。

（1）销售及时。简化了流通过程，减少了仓储和中转时间。

（2）节约费用。特别是在市场相对集中，购买量大的情况下，可节约很多中转费用。

（3）加强推销。销售自己的产品，推销努力程度一般比中间商要高。而且，一些技术复杂的产品，也需要强力推销，冲破销售的障碍。

（4）提供服务。有的产品对服务的要求很高，而技术服务的优势在生产企业而不在中间商，高质量的服务有利于保持与用户的密切关系。

（5）控制价格。通过中间商的销售，企业对产品的最终售价控制较弱，渠道越长，控制的难度就越大。显然，直接销售使定价权完全控制在生产企业手中。

（6）了解市场。由于直接销售是供应者与用户直接见面，从而对顾客的意见能及时、准确地了解和反馈，有利于改进企业的工作，发展适销对路的产品。

正是因为以上优势，工业用品生产企业愿意采用直接销售方式，并成为最主要的渠道。同时也应该看到，直接销售使产品的整个销售职能完全落在生产企业身上，完成这些职能的费用也完全由生产企业负担。事实上，对于生产量大、销售面广、消费者分散的产品（如日用品等），任何企业都没有能力将产品送到每一个消费者的手中；即使能送到，也是不经济的，这会在很大程度上增加产品的成本。因此，这些企业只能选择间接销售渠道。由此可以看到，在有中间商的介入下，可以大大简化企业的销售工作，节约流通领域的人、财、物力，缩短流通时间，加速资金周转和企业的再生产过程。

由此可见，直接销售和间接销售各有利弊，各有其适用的条件和范围。企业在做决策时，必须对产品、市场、市场营销能力、对控制渠道的要求、财务状况等方面进行综合分析。

3．分销渠道长度和宽度的决策

分销渠道的长度是指产品从生产者到最终用户所经历的环节多少，也就是渠道层次的多少。

渠道越短，生产者承担的销售任务就越多，信息传递快，销售及时，能有力地控制渠道（如控制价格、提供服务、进行宣传等）；渠道越长，批发商、零售商要完成的销售职能越多，信息传递缓慢，流通时间较长，生产企业对渠道的控制就弱。在讨论分销渠道长度时，应综合分析生产企业、产品、中间商及竞争者的特点等。一般情况下，有必要减少分销渠道层次，采用较短的分销渠道有以下几个原因。

（1）生产企业有较强的市场营销能力，有较强的经济实力，有控制渠道的强烈愿望。

（2）生产企业在地理位置上接近市场，顾客的集中度比较高。

（3）生产企业生产的是技术性较强、顾客选购技术水平高、专业化程度高的产品及时尚产品与季节性产品。

（4）中间商经销实力较强，有推销该产品的经验，或找不到合适的中间商。

相反，在产品简单、价格低廉，需要大批量销售，市场广阔而分散，企业在地理位置上远离市场等条件下，就应该增加分销渠道的层次，采用较长的渠道。而缩短分销渠道，企业要支出更多的销售费用，如因此增加的收益能补偿多花的费用，还是可取的。有时，企业由于销售业务的需要，即使在收益减少的情况下，也采用短渠道。

分销渠道的宽度是指分销渠道中的不同层次使用中间商数目的多少。这主要取决于企业希望产品在目标市场上扩散范围的大小，即占据多少市场供应点以及什么样的供应点，是希望顾客在任何供应点（零售店）都能买到产品，还是只希望顾客在有限的供应点买到产品？企业通常采用以下几种分销策略。

（1）广泛分销策略，也叫密集分销策略。这种策略的基本特点就是充分利用场地，占领尽可能多的市场供应点，使产品有充分展露的机会。只要有一定经营条件的零售商和批发商都可选用。价格低廉、产品差异很小、购买量小而购买频率高的日常消费品，如牙膏、肥皂等，常采用这种策略。因为这些产品购买方便应置于首位，这种策略的优点是产品与顾客接触的机会多，广告效果好，但是生产企业基本上无法控制分销渠道，与中间商的关系也比较松散。

（2）选择性分销策略，是指只选择有支付能力、经营经验、有产品和推销知识的中间商，在特定区域推销本企业产品的策略。它适用于顾客需要在价格、质量、花色、款式等方面精心比较和挑选后才能决定购买的产品，如服装、手表、家具、电器、首饰等。工业用品中专用性很强、用户对品牌商标比较重视的产品也多采用这种策略。

（3）独家分销策略，是指在一定的市场区域内仅选用一家经验丰富、信誉卓著的零售商或一家工业品批发商推销本企业产品。双方一般都签订合同，规定双方的分销权限、利润分配比例、分销费用和广告宣传费用的分担比例等。这种策略主要适用于顾客选购水平很高、十分重视品牌商标的商品，如名牌家用电器、名牌时装、高档家具等。工业品中的专用产品及其设备，由于用户与生产商在技术和服务上的特殊关系，也常采用这种策略。这种策略的优点是生产企业与中间商关系非常密切，独家经销的中间商工作努力，积极性高，有利于提高产品的信誉，生产企业能有效地控制分销渠道。

在这里究竟选择多长或者多宽的分销渠道，可用经济性、控制性和适应性三个标准来衡量。

（1）经济性标准。企业追求的是利润而不是分销渠道的控制性与适应性，经济分析可用许多企业经常遇到的一个决策问题来进行说明，即企业应使用自己的推销队伍还是应使用制造商的销售代理商。例如，A生产商所制定的分销方案：一是向该地区的营业处派出10名销售人员，付给他们基本工资和提成；二是利用该地区的制造商的销售代理商，并派出30名推销人员，报酬按佣金制进行支付。这两种方案可导致不同的销售收入和成本。方案选优的标准是能否获得最大利润。

（2）控制性标准。使用代理商无疑会增加控制上的问题。一个不容忽视的事实是，代理商是一个独立的企业，它所关心的是自己如何能获得最大利润，可能不愿与相邻地区同一委托人的代理商合作。它可能只注重访问那些与其推销产品有关的顾客，而忽略对委托人很重要的顾客。

（3）适应性标准。在评估各分销渠道选择方案时，还有一个需要考虑的标准就是适应性标准，即生产者是否具有适应环境变化的能力，简言之，生产商的应变能力如何。每个分销渠道方案都可能会因为某些固定期间的承诺而失去弹性。

分销渠道的决策和建立不是一件容易的事，这与企业的发展目标以及分销渠道的其他成员密切相关。分销渠道一旦建立，就有必要加强管理和维持稳定。

4．分销渠道成员的选择

当上述问题决定以后，就应该根据市场营销的需要，选择理想的中间商作为分销渠道成员，并说服中间商经销自己的产品。

小王是一家食品企业的销售主管，她所在的企业是一家年销售额不足 3 000 万元的小企业。公司派她去南方开拓一个中型城市市场，初来乍到的她跑了一个星期的市场，也接触了一些经销商，因为她的产品在这个市场上没有多大知名度，稍微大一点儿的经销商要么对她的产品不予理睬，要么就是提出的合作条件十分苛刻。小王应如何寻找合适的中间商？

中间商的选择关系到能否实现分销渠道目标和效率的问题，因而应十分慎重。那么，在选择分销商时，如何去选择或评估呢？

首先，选择的分销商必须与目标市场有联系。其次，选择的分销商要能够提供产品所需要的服务。最后，选择分销商时，必须考虑从中获得的利润。

除了以上三个标准之外，在选择一个较好的合作伙伴时，还应考虑：中间商的经验、偿付能力、声誉、管理能力、发展潜力和利润等因素。

7.3.3　分销渠道的管理

1．分销渠道中的矛盾

认识分销渠道中的矛盾，是渠道管理的出发点。所谓渠道管理，其中心任务就是要解决分销渠道中存在的矛盾，提高分销渠道成员的满意度和营销积极性，促进分销渠道的协调性，提高销售效率。分销渠道中矛盾的主要方面是生产企业与流通企业的矛盾；其次是流通企业之间的矛盾。矛盾的表现形式是多种多样的（如压价、窜货、跨区经营等），矛盾产生的原因也是很复杂的。

任何分销渠道都会不同程度地存在矛盾与冲突，但是，合作必然是分销渠道的主流，只有加强合作，才能使分销渠道的整体活动效率最大化。

2．分销渠道的管理

分销渠道管理的主要方法是通过说服、协商、激励等手段，消除或减少存在的矛盾，提高成员的营销积极性，提高分销渠道整体活动的效率。分销渠道管理的任务主要由渠道的主导成员来完成，也需要其他成员的支持、配合才能产生效力。对于渠道的管理，在这儿主要介绍如何处理与分销商的关系。

1）建立有效的合作关系

一般来说，对那些建立了有效的合作关系并获得成功的事例进行分析和总结，可以发现，建立有效的合作关系要注意以下几个方面。

（1）要明确责任。一方面，在进行产品分销的过程中，供应商的职责一般是提供一定水平的顾客服务，保证产品运送的次数和定时性，对顾客的反映要及时、快捷，产品运送要准确无误，开具发票、列货物清单要准确等。其中，最基本的要点是，从顾客的角度来确定对顾客的服务质量标准。

经验丰富的公司都设法与分销商建立长期的合作关系。生产商对于市场覆盖率、产品库存水平、市场开发、技术指导与维修、市场信息等方面，应有明确的设想。同时，生产商要求分销商支持其发展战略，并根据它们遵守生产商政策的情况支付报酬。例如，公司可以不直接给分销商25%的销售佣金，而按下面的规定来支付。

如能保持适当的存货水平支付5%；如能完成销售定额再支付5%；如能向顾客提供有效服务再支付5%；如能正确报告顾客的购买水平再支付5%；如能适当管理应收账款再支付5%。

（2）要把分销商当作顾客，从顾客的角度去考虑分销商的需要。在处理与分销商的关系时，要考虑零售商的实力问题和分销商销售产品的动力，以及所做的承诺。分销商的形式有很多，因此分销商与供应商的关系也有所不同。在独家经销的情况下，公司赋予分销商特权经营本公司商品，而分销商也不得再经营本公司的竞争产品。但在大多数情况下，分销商都是同时经销好几种产品，有时这些产品是竞争性较强的，只不过具有不同的品牌，来自不同的厂家。分销商对竞争性产品的偏好程度，对它们的不同陈列及相应宣传直接影响各类竞争性产品的销售状况。

2）妥善处理中间商之间的冲突

经常听说发生窜货（中间商的跨区域销售）、压价（中间商的恶性价格竞争）、超越经销区域等一系列问题，从而引起中间商之间的冲突。那么应该怎样处理这些问题呢？

（1）提升品牌形象，带动消费需求。分销渠道成员之间的价格竞争所引发的渠道冲突是目前市场营销管理过程中最头痛的问题。如果当价格竞争出现惯性和恶性循环时，将使中间商经营该产品处于微利或无利的状况，从而不愿意再继续经营下去。

（2）奖惩分明，实施严格的分销渠道管理。这意味着一旦发现某一中间商有恶性降价、跨区域销售及产品返流现象，就坚决按合同规定给予惩罚，直至取消经销资格；而对那些严格执行企业销售政策的中间商，则在年终给予一定的奖励。

（3）渠道内部化，实现销售利益的永久共享。有两种方法可以考虑：其一是中间商（主要指一级批发商）入股方式，结成永久的纵向联盟，实现销售利益的永久共享；其二是企业出资建设自己的渠道，如设立自己的批发经营部、销售公司、专卖店、连锁店等，以达到最大程度控制分销渠道的目的。

（4）确定合理的中间商的数目与空间分布。一定区域内企业如果选择的中间商的数目较多，虽然其销售量增加了，但相应地增加了分销渠道管理的难度。

3．分销渠道的改进

虽然分销渠道的决策和建立是长期的，但环境是不断变化的，如产品因素、竞争因素、政策因素、消费者因素等。企业为了应对变化了的情况，有时需要对分销渠道加以改进，使分销渠道更为理想。改进的策略一般有以下三种。

1）增减某一分销渠道

由于市场的变化，企业的分销渠道过多，有的渠道的作用已经不大。从提高市场营销效率与集中有限力量等方面考虑，可以适当缩减一些分销渠道。相反，当发现现有渠道过少，不能使产品有效地到达目标市场，影响了产品销路时，则可增加新的分销渠道。

2）增减分销渠道中的个别中间商

对效率低下、经营不善，对分销渠道整体运行有严重影响的中间商，可考虑予以剔除，另行挑选合格的中间商加入分销渠道。如果因竞争者的分销渠道宽度扩大，使自己的销售量减少，也应增加中间商的数量。

3）改进整个分销渠道

如果原有分销渠道的矛盾无法解决，造成了极大混乱；或是因企业战略目标和市场营销组合实行了重大调整，都要考虑对分销渠道进行重新设计和建立。这就需要生产企业认真进行调查研究，权衡利弊，做出决策。

从市场营销策略来看，任何使得分销渠道链变得更有效率的措施都必须是有益于所有参与者的。生产制造商要做的是：寻找新的发展机会，向消费者提供更好、更全面的服务。

本章小结

分销渠道策略在市场营销组合中占据着重要地位，它关系到如何把产品从生产企业手中转移到消费者手中。作为决策者，必须对分销渠道有全面的认识和了解，掌握管理分销渠道的技巧和策略。

分销渠道是沟通生产者与消费者必不可少的纽带、桥梁，是指商品从生产者手中转移到消费者手中所经过的所有环节构成的途径。它具有融资、市场调查和寻找消费者、信息传递、营业推广和推销、服务等作用。分销渠道是由一系列的销售机构组成的，又称为渠道成员。渠道成员可以分为三类：第一类是生产企业自己本身所拥有的销售体系；第二类是受企业约束的销售系统；第三类是不受企业约束的销售系统。

分销渠道最基本的构成形式包括直接销售和间接销售。直接销售的形式主要有：① 接受用户订货；② 自设分销机构、办事处或门市部；③ 登门推销；④ 邮售；⑤ 参加订货会、展销会。间接销售在现代市场营销中的运用比直接销售普遍，特别是一般消费品的销售。间接销售的中间环节包括各种类型的物资企业和商业企业。

中间商作为分销渠道的重要组成部分，对中间商的类型与作用的了解也是十分必要的。中间商是指产品从生产者转移到消费者的过程中，专门从事对这些产品的购买和销售的企业。本章着重介绍了批发商和零售商。批发商按企业所有权和经营的产品所有权可以划分为：独立批发商、代理商及经纪人、制造商及零售商自设的销售机构。零售商的形式繁多，主要从经营的产品范围、价格/服务水平、是否通过门市销售三个方面介绍了其类型和各自的特点。

习题 7

一、填空题

1. 在选择分销渠道长度和宽度时，一般用_____、_____、_____三个标准来衡量。

2. 影响分销渠道选择的因素有_____、_____、_____、_____。

3. 直接销售主要有_____、_____、登门推销、邮售，以及参加订货会、展销会等几种形式。

二、选择题

1. 独立批发商根据经营商品的类别可以分为综合类、单一或整类和（　　　）。

　A. 进出口商　　　　B. 佣金商　　　　C. 专业批发商　　　　D. 拍卖行

2．企业在选择分销渠道时不考虑的市场因素是（　　　）。

A．消费者的因素　　　　B．竞争者的因素　　　　C．政策因素

3．建立有效的合作关系首先要做的是（　　　）。

A．明确责任　　　　B．提升品牌形象　　　　C．确立奖惩制度　　　　D．渠道内部化

案例分析 7

"娃哈哈"的分销渠道

"娃哈哈"公司主要生产含乳饮料、瓶装水、碳酸饮料、茶饮料、果汁饮料、罐头食品、医药保健品、儿童服装等八大类 50 多个品种的产品。早在 2003 年，公司营业收入突破 100 亿元大关，成为全球第五大饮料生产企业。

"娃哈哈"的产品并没有很高的技术含量，其市场业绩的取得与它对渠道的有效管理密不可分。"娃哈哈"在全国 31 个省市选择了 1 000 多家能控制一方的经销商，组成了几乎覆盖中国每一个乡镇的联合销售体系，形成了强大的销售网络。"娃哈哈"非常注重对经销商的促销努力，公司会根据一定阶段内的市场变动、竞争对手的行为及自身产品的配备而推出各种各样的促销政策。针对经销商的促销政策，既可以激发其积极性，又保证了各层经销商的利润，因而可以做到促进销售而不扰乱整个市场的价格体系。其通过帮助经销商进行销售管理，提高销售效率来激发经销商的积极性。"娃哈哈"区域分公司都有专业人员指导经销商，参与具体的销售工作，各分公司派人帮助经销商管理铺货、理货及广告促销等业务。

为了从价格体系上控制窜货，"娃哈哈"实行级差价格体系管理制度。根据区域的不同情况，制定总经销价、一批价、二批价、三批价和零售价，使每一层次、每一环节的渠道成员都取得相应的利润，保证了有序的利益分配。

同时，"娃哈哈"与经销商签订的合同中严格限定了销售区域，将经销商的销售活动限制在自己的市场区域范围之内，发往每个区域的产品都在包装上打上编号，编号和出厂日期印在一起，根本不能被撕掉或更改，借以准确监控产品去向。他们还专门成立了一个反窜货机构，巡回全国严厉稽查，保护各地经销商的利益。反窜货人员经常巡察各地市场，一旦发现问题马上会同企业相关部门及时解决。"娃哈哈"公司全面激励和奖惩严明的渠道政策有效地约束了上千家经销商的销售行为，为庞大渠道网络的正常运转提供了保证。

【案例思考】

"娃哈哈"公司为实现有效的渠道网络管理采取了哪些措施？取得了什么样的效果？

实训 7

课堂训练：分销渠道设计

主　　题：产品讨论，分销渠道方案的设计

课　　时：2 学时

地　　点：教室

过程设计：① 学生分组寻找产品。

　　　　　② 各组根据自己熟悉的产品进行渠道方案设计。

　　　　　③ 通过各组选派人员进行方案陈述。

④ 讨论评估，方案选优。

目　　的：使学生在了解分销渠道的基础上，能够正确地设计分销渠道方案。

考核指标：① 知识的掌握程度与策划能力。

② 组员参与的态度。

③ 准备是否充分。

建　　议：① 授课教师可根据学生的具体情况调整考核指标。

② 可设置多种奖项，以激励学生的积极性。

实战演习：分销渠道选择与管理

主　　题：铺货

过程设计：① 通过课堂练习选择产品分销渠道。

② 让学生熟悉产品，进行分组。

③ 了解和调查产品市场。

④ 选择经销商（该地的小零售店），并进行铺货，同时制订收款制度。

⑤ 检验成绩。

目　　的：① 使学生在了解分销渠道的基础上，学会选择分销渠道。

② 培养学生的团队精神和合作意识。

③ 培养学生的创新精神和实践能力，以适应市场的需要。

考核指标：① 分工是否合理。

② 铺货任务的完成情况（如与经销商的联系、商品上架情况等）。

③ 其他考核指标（如调查人员的考核、策划考核、回访情况的考核等）。

建　　议：① 授课教师可根据学生的具体情况调整考核指标。

② 铺货的绩效最好在一二个月后进行考核（只有较长时间才能看到选择分销渠道的效果）。

③ 本次实训成绩计入学期总成绩。

第8章 现代促销策略

知识要点
❖ 掌握促销的含义和作用。
❖ 掌握制定促销方案的程序。

知识要点

❖ 掌握促销的含义和作用。

❖ 掌握制定促销方案的程序。

能力要点

❖ 能策划并组织小型促销活动。

❖ 能有效地执行促销方案。

引例8

能让都市时尚白领一族以逛屈臣氏商店为乐趣，并在购物后仍然津津乐道，有种"淘宝"后莫名喜悦的感觉，这可谓达到了商家经营的最高境界。逛屈臣氏淘宝，竟然在不知不觉中成了时尚消费者一族的必修课。作为城市高收入代表的白领，她们并不吝惜花钱，物质需求向精神享受的过渡，使她们往往陶醉于某种获得小利后的喜悦，祈望精神上获得满足。屈臣氏正是捕捉了这个微妙的心理细节，成功地策划了一次又一次的促销活动。

屈臣氏的促销活动每次都能让顾客获得惊喜，在白领丽人的一片"好优惠呦""好得意呦""好可爱啊"惊呼声中，商品被"洗劫"一空，使屈臣氏单店平均年营业额高达2 000万元。

2014年6月16日，屈臣氏中国区提出"我敢发誓，保证低价"的承诺，并开始了以此为主题的促销活动。屈臣氏的促销活动发展大致分为三个阶段：2014年6月以前为第一阶段，在这段时间里，屈臣氏主要以传统节日促销活动为主，屈臣氏非常重视情人节、万圣节、圣诞节、春节等节日，促销主题多种多样，如"真情圣诞真低价"的圣诞节促销，"劲爆礼闹新春"的春节促销。第二阶段是在2014年6月提出"我敢发誓，保证低价"的承诺后，以宣传"逾千件货品每日保证低价"为主题，特别是自有品牌商品的促销，如"全场八折""免费加量""买一送一""任意搭配""剪角抵用券""满50元超值10元换购""本期震撼低价"。屈臣氏的低价策略已经深入人心。第三阶段是自2015年6月起，屈臣氏延续特有的促销方式并结合低价方针，淡化了"我敢发誓"的角色，特别是到了2015年年底，促销宣传册上几乎是不再出现"我敢发誓"的字样，促销活动变得更加灵活多变，并逐步推出大型促销活动，如"百事新星大赛""封面领秀""VIP会员推广"，屈臣氏促销战略成功转型。

8.1　促销的含义和目的

对于促销，生活在城市中的人可以说都非常熟悉了，特别是在大城市，几乎每天都有企业在搞促销活动，尤其是节假日，各种促销活动层出不穷。那么，究竟什么是促销？促销对企业到底有什么作用？

8.1.1　促销的含义

促销是促进销售的简称。IBM 公司创始人沃森说过："科技为企业提供动力，促销为企业安上了翅膀。"如果一个企业，在产品生产出来后，不打广告，不做任何宣传，就这样默默无闻地摆在柜台里销售，很难想象会是什么结果。"可口可乐""百事可乐""麦当劳"等世界名牌早已是家喻户晓、尽人皆知，为什么还要花费巨资打广告、做宣传、搞赞助呢？道理很简单，因为竞争，激烈的市场竞争迫使企业想尽一切办法来促进产品销售。

一个完整的促销过程由促销组合来表示，包括广告、人员推销、营业推广及公共关系，如图 8-1 所示。

广告是大家最常见的一种促销方式，它可以是电视里卖药酒的陈宝国，也可以是杂志彩页上长发飘逸的明星，甚至是春节晚会上的汇源果汁，体育赛场上运动员的运动服。

营业推广也叫销售促进，买洗发水送的小包试用、各种优惠、折扣券、减价清仓都属于这个范畴。销售促进能产生短期的促销效果。

公共关系是促销组合中唯一不能直接催促顾客购买的手段，它通过和顾客、相关群体、大众等建立良好关系，进而让产品在大众心中建立良好的形象以间接推动销售。

图 8-1　促销组合过程

在上述案例中可以明显看出，屈臣氏的促销活动并非单纯地使用某一种促销手段，而是多种促销手段的组合。

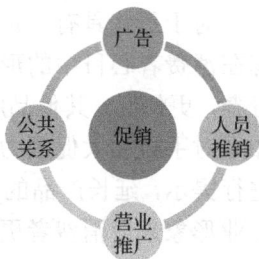

> 小思考：
> 生活中你见过哪些促销形式？印象最深刻的是哪一类？为什么？

8.1.2　促销的目的

促销的最终目的是增加产品的销售量，创造更多的利润，但在不同的时期，针对不同的市场环境，促销的目标是不一样的，促销的力度和促销的手段都不同。那么，企业在什么情况下应该促销？企业促销应该采用哪些手段？

1. 新产品推广

企业在进行新产品推广时，要想提高新产品的知名度就应该促销，如果要推出新产品而不进行促销，即使再大的公司，再有名的品牌，消费者并不一定买账。在这种情况下进行新产品推广的突破口，是让消费者打消疑虑进行首次尝试购买，往往是四种手段同时使用，争取在短期内使消费者了解并接受新产品。在四种手段中，一般都是广告充当先锋，通过电视、报纸等消费者接触最多的媒体广为宣传，让消费者知道这个新产品，然后通过推销人员进行人员促销并在各零售店开展营业推广，同时，适时地搞一些公关活动。

市场份额就是市场占有率，是指某一品牌产品的销量在整个市场同类产品的总销量中所占的比例。市场份额是企业在市场上地位的标志，谁的市场份额大，就说明谁的产品销量好，拥有的客户多。市场份额是不断变化的，一般每年计算一次。对于企业而言，客户的忠诚是至关重要的，客户越忠诚，企业的市场份额就越稳定。大多数消费者都有一种品牌偏好，有的人喜欢喝"可口可乐"，有的人则喜欢喝"百事可乐"……当然，绝大部分消费者并非一辈子只认一个品牌，在很多时候也会出现品牌转移。有很多消费者没有固定的品牌概念，但他们在购买产品前都会有一个品牌比较，特别是同类产品彼此相同，品牌的倾向性就尤为重要。由于是争夺同样的客户，这种竞争就非常激烈，因此，稳固市场份额就显得十分重要。而促销是稳固市场份额的有力保证，一方面稳定老客户；另一方面开拓新客户，扩大客户群的规模。在这种情况下，促销手段一般以营业推广和广告为主。

2．强化产品和企业形象

对于那些具有一定知名度的企业及其产品，需要定期或不定期地加强宣传，巩固自身品牌在消费者心目中的形象。绝大部分消费者都是喜新厌旧的，再有名的品牌，也不可能永葆青春，更何况，其他品牌的同类产品也在不断地推陈出新，再忠诚的客户也难免会产生动摇，如果对手再加大促销力度，客户流失也就在所难免。因此，企业通过促销活动能对现有客户进行提示，延长产品的市场寿命周期。"乐事薯片"在新产品推广上就用相似包装强化产品和企业形象来使消费者更好做出选择，如图8-2所示。

图 8-2　乐事薯片家族

3．应对竞争对手的攻击

当竞争对手特别是主要竞争对手展开促销攻势时，企业必须应对，促销手段也要针锋相对，促销力度绝不能逊色于对手。激烈的市场竞争迫使企业重视对手的一举一动，采取紧跟战术。可以发现一个非常有趣的现象："可口可乐"与"百事可乐"，"统一"与"康师傅"等竞争对手，只要对手有什么动作，另一方马上就会采取几乎相同的动作，如图8-3所示。

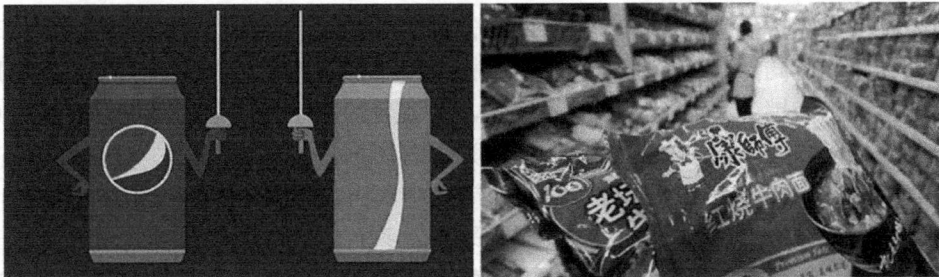

图 8-3　百事可乐与可口可乐、统一与康师傅

4. 消化库存

每个企业都会有一些库存，并且现在的产品更新换代非常快，老式产品很容易形成积压，要消化这些库存，就要依靠促销来带动销量。常用的营业推广形式包括捆绑销售、特价销售、打折、超值增量、买一送一、附送赠品等，而辅以广告来制造声势。其中，捆绑销售是将滞销产品与畅销产品捆绑在一起进行让利销售；特价销售是以超低价格销售，一般要限量；超值增量是增加重量，加量不加价。

主动促销能够使企业在竞争中占据主动，把握先机，但也会带来负面影响，那就是对手的反击，这种反击被称为被动促销。对于相对平稳的市场，如果没有足够的优势，应慎重使用促销手段，控制促销力度，否则，势必掀起促销大战。"可口可乐"与"百事可乐"在这方面就比较慎重，尤其是价格，谁都不会轻易降价，如果发生价格大战，最终结果肯定是两败俱伤。

8.2　促销的主要方式

人们常说××企业又在搞促销了，××公司又在搞活动了，这里主要是指促销的方式，如抽奖、竞赛、优惠券等，实际上是销售促进的方式。因为销售促进具有方式灵活、形式新颖的特点，对消费者有较大的吸引力，因此，很多企业都会选择销售促进作为促销的主要手段。

8.2.1　赠送优惠券

优惠券也叫抵用券，上面通常印有金额，顾客凭优惠券在购物时可少付券面金额的费用，有的优惠券不印金额，但企业会在广告中注明每券抵用多少金额。

1. 优惠券的类型

优惠券可以由厂家赠送，也可以由商家赠送，因此优惠券分为厂商型优惠券和零售商型优惠券。厂家赠送优惠券的主要目的是多销售产品，相当于变相降价。对厂家而言，优惠券的发放过多，消费者不仅对此毫无兴趣，还会对该产品产生反感。而零售商发放优惠券的主要目的在于吸引消费者光顾商场，刺激消费者扩大购买范围，而不仅仅为了吸引消费者购买某一特定品牌的商品。

1）厂商型优惠券

厂商型优惠券是由产品制造商规划和散发的，通常在各零售点兑换，消费者凭优惠券购买指定商品时可享受折价优待、赠送礼品或其他优惠。各零售店相当于厂商的活动代理，负责回收优惠券并凭此向厂商兑换。此外，厂商根据优惠券的数量给予零售店一定的补助。厂商型优惠券适用于经销各种品牌商品的零售店，主要目的在于提高该产品的知名度，刺激消费者的购买欲望；同时，通过兑换活动，也能为零售店增添人气。

2）零售商型优惠券

零售商型优惠券主要是规模稍大的零售商采用，其目的在于吸引顾客光顾。一般来说，顾客到某一商场，往往会购买一些事先并没有想购买的商品。因此，零售商型优惠券的目的并非只是推销某一品牌的商品，而是吸引顾客光顾。这种优惠券主要有以下三种。

（1）直接折价式优惠券：消费者在某特定零售店的特定时间内，凭券购买某些特定商品可以享受折价优待。

（2）免费送赠品优惠券：消费者购买某特定商品时，可免费获得专门的赠品。

（3）送积分点券式优惠券：消费者购买某特定商品时，可获得积分点券，凭这些点券可在该零售店兑换自己喜爱的赠品。积分点一般分成几个等级，点越高，赠品的价格越高。

无论是厂商型优惠券还是零售商型优惠券，都要注意以下几个问题。

（1）折价优待的幅度应稍大，优待太少，难以让消费者产生兴趣，特别是不太出名的品牌，价格上更应该有吸引力。

（2）优惠券不能随意乱发，应该有数量控制和时间控制，目的在于既控制成本又能吊足消费者的胃口。

（3）赠送的礼品要有特色，如果礼品很便宜而且随处都能买到，就会失去吸引力。

（4）应有广告配合，加大宣传力度，如果影响面过窄，就达不到促销目的。

2．优惠券的发放方式

1）直接发放

优惠券可以在街上随意发放，也可以邮寄，还可以在零售店的展台上由顾客自取；既可单独发放，又可附带宣传资料一起寄送，如图 8-4 所示。若选择在街上随意发放，应注意选择对象，如果见人就发，结果多半会变成垃圾。另外，优惠券应设计得精美一些。邮寄往往会让消费者感觉意外，如果配上精美的宣传资料，效果会更好。

图 8-4　优惠券的常见类型

2）通过媒体发放

一般是通过报纸、杂志等平面媒体发放，优惠券可印在媒体广告上，也可以与杂志装订在一起，还可以单独放在杂志里（被称为独立式夹页）。选择发放优惠券的方式时，要考虑到消费者。

3）随商品发放

可以将优惠券附在商品包装里面，也可以附在外包装纸上，还可以附在其他商品的包装内或包装上，这称为"交叉取胜"。例如，在咖啡包装内附优惠券，凭此券可优惠购买同一品牌的咖啡伴侣。

3．优惠券的优、缺点

1）优惠券的优点

优惠券之所以被广泛采用，是因为它具有以下几个优点。

（1）能很好地刺激消费者试用新产品。消费者对新产品缺乏认知，如果有优惠券刺激，很多消费者往往愿意尝试。尤其是对于知名品牌的延伸产品，使用优惠券更容易吸引顾客。

（2）能培养客户的忠诚度。对于喜欢该产品的老用户，使用优惠券的促销方式能进一步培养他们的忠诚度。常见的各种打折卡，其实是一种特殊的优惠券，可以不受时间限制，很多商场和超级市场都实行凭卡打折，打折卡一般又分为普通卡和金卡，二者打折的幅度不同，实行区别对待。

（3）能有效地激励零售商。这是针对厂商型优惠券而言，厂家搞促销活动，能够增加零售店的客流量，增加销售额，从而激励零售商更加积极地推销厂家的产品，特别是如果有同类商品，使用优惠券促销的厂家会占据主动。

2）优惠券的缺点

（1）效果不容易预测。由于受优惠券面额、各品牌分摊比例、分送方式、媒体选择等因素的影响，优惠券的可能兑换数难以确定，经费预算也很难确定。

（2）对新产品、知名度不高的产品及服务业效果不明显。对于并不熟悉的产品，大部分消费者一般都比较谨慎，尤其是食品、保健品、药品等风险大的产品。而服务业的优惠往往会使消费者担心服务质量也会打折。

8.2.2 折价优待

折价优待即通常所说的"打折"，将产品售价降为原价的百分之几十，如八折就是按照原来价格的80%销售，六折半就是原价的65%。折价优待与优惠券很相似，区别在于不使用优惠券。折价优待属于典型的价格竞争，也是最直接、最有效的竞争手段。

1．折价优待的运用方式

打折可以是厂家针对所生产的某些产品，也可以是商家对整个商场的所有商品或部分商品实行的促销方式，但主要都是针对消费者，有时候，厂家为了激励中间商，在不调整零售价的前提下对原来的供货价实行打折，这属于中间商激励策略。打折常用的方式主要有以下三种。

1）现金折扣的运用

商场、超级市场通常将商品在现价上直接打折，用价格赢得顾客群。例如，新货一件八折，或两件七折、三件五折；又如，第一件商品按原价销售，第二件按半价销售或达到一定金额后直接减现。如果品牌推广和品牌文化达到一定高度，采用这种简捷的方式是可取的。

2）套袋式包装的运用

将几个商品捆绑在一起打折销售，这种方式属于典型的包装促销策略。例如，买三支装牙膏比三支单卖的牙膏价格更便宜，其他像口香糖、香皂等体积较小的商品都经常使用这种方式。这是一种厂家经常使用的促销方式。

3）买一赠一的运用

买某一商品就赠送另一商品，甚至赠送同样的商品，这是厂家和商家都经常使用的一种促销方式。对于那些有购买欲望而又举棋不定的顾客来说，送的东西多少往往会成为他们最终选择的重要砝码。

2．折价优待的优、缺点

折价优待在竞争激烈的行业中被普遍使用，特别是国内厂商，已把此作为撒手锏频频使用。折价优待的优点有以下三个方面。

（1）能够维系现有顾客。现有顾客本来对该产品就有好感，再打折优惠，对他们而言，简直就是惊喜，自然会增加其忠诚度，促使其继续购买。

（2）能够吸引试用者。价格上的优惠对大多数顾客而言都具有吸引力，能够帮助他们下决心尝试新产品，特别是老品牌的新产品，吸引力更大。

（3）可减少商品库存。无论是厂家还是商家，通过打折，能够使一些积压、过时的商品找到销路，从而减少库存，回笼资金。

当然折价优待也有不足之处，最主要的是容易引起价格战。

8.2.3 集点优待

集点优待又叫商业贴花，指顾客每购买一定数量的商品，便可获得一张贴花，筹集到一定数量后就可以兑换不同等级的奖品。例如，"百事可乐"的拉环兑奖活动规定，凭五个易拉罐拉环或五个瓶盖可兑换一张百事可乐光盘，更多就可兑换一个百事可乐旅行包。

1．集点优待的种类

1）点券式

消费者凡购买一定数量的产品即可获得一定面额的点券，当点券面额累计达到规定面额时，便可凭点券兑换相应赠品，如图8-5所示。这种点券一般附于商品包装内，点券兑换多在大的零售店，兑换奖品的有效期也比较长。点券式集点优待实际上是对产品的忠诚客户的一种奖励。

图 8-5　常见集点优待类型

2）凭证式

凭证式集点优待是指消费者凭特定的购买凭证兑奖，如拉环、瓶盖、收银条、集分卡等。只有收集规定的凭证或收银条达到一定金额时才能兑奖。凭证式集点优待特别适合青少年顾客，他们对此较有兴趣，很多企业将集分卡制作成卡通形状，非常精美，具有收藏价值，特别受青少年欢迎。

2．集点优待的优、缺点

1）集点优待的优点

（1）低成本促销。奖品设计独特以吸引顾客，关键是要有收藏价值。

（2）在建立品牌形象的广告中，效果正反映了低成本的促销可取代高预算的广告投资。

（3）可扩大商品的试用率或突破季节性限制。

2）集点优待的缺点

（1）预算与库存结合较困难。

（2）时间太长，消费者容易失去耐心。

8.2.4　竞赛、抽奖

竞赛与抽奖往往搭配进行，也可以单独进行。竞赛单独进行时，一般对竞赛获胜者颁发奖品或奖金。两种促销方式都能调动消费者的积极性，竞赛靠本身的吸引力和奖品，而抽奖则依靠丰厚的奖品来刺激消费者，无论是厂家还是商家都热衷于使用这两种促销方式。

1．竞赛

竞赛需要竞赛者具有一定的知识或技能，获胜者通过竞赛能够在心理上得到满足，并且得到一定的物质奖励，因此消费者往往愿意参与。消费者参与的程度取决于竞赛本身的趣味性、技术性及奖品的丰厚程度。趣味性强又有一定技术性的竞赛最吸引人，再配合广告宣传，促销效果非常好。

2．抽奖

抽奖促销由于能带来意外的惊喜而受到消费者欢迎，消费者凭运气而不需要通过技能获得奖品。另外，抽奖不像竞赛那样需要耗费时间，过程很短。抽奖分为现场抽奖和定期兑奖两种方式。

现场抽奖是消费者在购买商品的现场马上进行兑奖，奖励办法和奖品设置事先告知顾客，消费者凭收银条和兑奖券当场兑奖。现场抽奖的操作方式很多，常见的主要有摸奖、抠奖和对号。

3．竞赛与抽奖需要注意的几个问题

1）奖品设置

竞赛与抽奖都涉及奖品问题，奖品是否具有吸引力，是促销活动能否成功的一个关键因素。一般来说，第一等级的奖品应丰厚一些，以刺激消费者的购买欲望。如果总的预算不高，在保证第一等级高价值奖品的前提下，将后面等级的奖品价值设置得低一些。

高价值的奖品自然具有吸引力，而低价值的奖品只有通过"特"字来吸引顾客，即奖品本身比较特别，最好具有收藏价值，虽然不值钱，但并非能随意买到。

2）遵循"三公原则"，即公开、公平、公正

活动规则、奖品设置及获奖结果都应公开，而活动过程必须保证公平和公正，尤其是定期抽奖的对号，应当场摇号以示公正。如果摇奖过程不公开，难免会使消费者产生怀疑，不但达不到促销效果，反而会影响企业形象。

3）费用预算

在策划、实施竞赛与抽奖活动时，需要考虑的费用有：奖品费用、推广该活动的广告宣传费、零售点宣传品的费用、参加促销活动人员的开支及其他一些费用，如公证费、保险费、场租费、道具费等。

8.2.5　免费试用

免费试用通常是在新产品全面推广前的 4～6 周进行，目的是让消费者亲身感受一下新产品的品质，为全面推广打下基础。免费试用主要适用于日用消费品，如洗衣粉、洗发水、香烟等。消费者经常使用此类产品，对产品比较熟悉，容易分辨出产品的好坏，因此采用免费试用的产品，其质量都是过硬的，具有较强的说服力，否则会在正式推广前就被消费者否定，反而会影响新产品的推广。

1．免费试用的方式

1）逐户分送

将试用品挨家挨户分送，促销员只是介绍身份和目的，然后就免费赠送给消费者，这种试用品一般是特殊包装，即专门为试用所生产的小包装，如宝洁公司赠送给消费者的汰渍洗衣粉就是特制包装，只有 40 克。促销员赠送试用品时，不允许向消费者提问或介绍产品特点，以免消费者怀疑促销员赠送的目的甚至产生反感。这种方法现在运用较少，因为消费者对上门赠送这种方式比较反感，有些公司假借免费赠送的名义上门推销，给消费者留下很坏的印象。

2）定点分送及展示

选择在零售店、购物中心、转运站、大街上、大型餐厅、网吧或其他人流量较大的地方，将试用品直接赠送给消费者。这种促销一般都是选择一个相对固定的地点，然后设置展台，张贴海报，将宣传资料连同试用品一起分发给消费者。大多数厂家选择在各大零售店、购物中心门口搞赠送活动，既可以宣传新产品，又可以增加零售店的客流量。

2．免费试用的优缺点

1）免费试用的优点

免费试用的优点有以下三个方面。

（1）提供快速的商品信息，刺激消费者迅速购买。免费试用能够很快使消费者感受新产品的特点，对新产品留下较深的印象，因为是免费的，一般都会产生好感。等到公司全面推广新产品时，消费者由于早已有了感性认识，选择时的倾向性更大。因此，在新产品全面推广前使用免费试用促销，可以缩短新产品被消费者接受的时间，提高其他促销手段的效益。

（2）引导忠诚客户转变消费观念。对于市场上具有较高知名度的产品，畅销过程必然有一个期限，因为消费者永远是喜新厌旧的，再畅销的产品也要进入衰退期，必然会被其他新产品所取代。因此，企业往往在这些畅销产品进入衰退期以前就会推出新产品来替代老产品，从而保证市场占有率。

（3）能节约其他促销费用。通过免费试用，慢慢让消费者了解、接受并喜爱这个品牌的产品，等到产品在消费者中有了较好口碑时再进行广告宣传和人员推销，效果就会大不同。

2）免费试用的缺点

免费试用同时也存在以下一些不足。

（1）条件限制较多。对于知名度不高的企业，要求产品质量上乘，使消费者在试用时感觉明显；对于知名品牌的换代产品，要求功能或质量上有明显的改进或突破。

（2）发放过程不易控制。由于试用品基本上是免费送的，应防止促销人员私自截留。

> 议一议：
>
> 你主动领过免费试用品吗？是什么类型的产品呢？试用后会购买吗？为什么？结合自身情况，谈谈你对免费试用品的想法。

8.2.6 零售补贴

零售补贴是厂家为了激励零售商所采取的一种促销方式，即在供货价格上实行补贴，也叫零售折让。厂家最终依靠零售商才能将产品销售出去，产品销量大小，除了产品自身的因素外，零售商的努力也至关重要。零售补贴是指生产厂家降低产品零售价后，为了弥补零售商的损失，而在给零售商的供货价上实行价格补贴，维持降价前零售商的利润。

1. 零售补贴的类型

零售补贴从厂家对零售商降价后利润减少的补偿，逐步发展为拉拢、激励零售商的一种促销手段，具体方式有很多种，但归纳起来主要有无条件补贴和有条件补贴。

1）无条件补贴

无条件补贴指厂家对零售商进行补贴而不对零售商提出任何要求。目的只是激励零售商，争取建立良好的合作关系，从而使零售商尽心尽力地销售自己的产品。无条件补贴分为购买补贴、免费附赠补贴等。

（1）购买补贴。只要零售商进货就给予补贴，通常按"件"或"箱"计算，购买一件或一箱产品享受多少价格折让。这种补贴一般实行等级折让，即购买数量越多，享受的价格折让就越多。零售商为了得到更大的折让，往往会多进货。

（2）免费附赠补贴。这种补贴方式不是对价格实行折让，而是给零售商赠送商品或礼品。例如，购买一箱易拉罐饮料就赠送一听，或者买一箱饮料送一个精美礼品；买十箱送十听或更好的礼品。

2）有条件补贴

有条件补贴是指带有附加条件的补贴，厂家对零售商进行补贴，要求零售商必须满足厂家的一些条件，双方往往会签署协议。有条件补贴主要有以下几种具体方式。

（1）返点补贴。厂家为了鼓励零售商多销售自己的产品，一般在年终时根据零售商的销售额或销售量进行返点。所谓返点就是返还现金，返点多少依据销售额的大小，大部分采用百分比的方法来计算。

（2）广告补贴。广告补贴是厂家从广告、招贴、海报等方面对零售商进行补贴，而不是价格折让或返点。对于零售商而言，广告同样重要，他们也面临竞争，也需要宣传自己，树立形象，尤其是大型零售商，需要经常进行广告宣传。厂家为了拉拢这些零售商，会以广告赞助形式激励零售商。

2．零售补贴的优缺点

1）零售补贴的优点

（1）富有弹性。厂家可根据目标市场的需求变化而随机实行，也可根据不同区域而灵活使用；可长期使用，也可短期使用。

（2）促销方案易于制定和执行。因为是针对零售商而非针对消费者，相对容易操作，执行也比较简单。

2）零售补贴的缺点

（1）可能导致零售商盲目进货，造成虚假畅销。零售商为了拿到更多的补贴，有时会大量进货，然后慢慢出货，尤其是保质期长的商品，零售商宁愿积压也要拿到补贴，然后逐渐消化库存。勤进快销，降价的损失通过返点得到补充，但会使厂家的价格体系混乱。

（2）可能会使零售商的胃口越来越大。零售补贴刺激了零售商的积极性，但零售商很可能会因为销售成绩好而对厂家提出更多的要求，况且，同类产品的其他厂家也会给零售商补贴。零售商很可能会因此要挟厂家答应自己的一些过分要求，导致厂家无法控制零售商。

3．零售补贴的运作

零售补贴促销是针对零售商的一种激励行为，通过各种形式的补贴刺激零售商多销售自己的产品。这种促销方式既有优点，也有缺点，在使用时要注意下面几个问题。

1）促销的实际效果

零售补贴的最终目的是让更多的消费者购买企业的产品，无论哪种补贴方式，厂家都要督促商家完成"临门一脚"，使产品最后到达消费者手中。一定要防止产品长时间停留在零售商手中，厂家并不是将产品卖给零售商，而是要让零售商将产品顺利地卖给消费者。对于厂家的业务员而言，一定要树立正确的销售观念，仅仅将产品卖给零售商还没有完成任务，即使零售商全部付清了货款，所有的风险都从厂家转移到零售商身上，如果零售商最后形成积压，产品没有卖出去，厂家的促销也是失败的。

2）补贴方式

厂家应根据具体情况采用不同的零售补贴方式。当市场竞争比较激烈时，厂家全方位、大面积促销时，可采用统一的补贴，无论零售商规模大小、时间长短、业绩好坏，都享受同样的补贴政策，这时可采用购买补贴、免费附赠补贴、返点补贴，目的是扩大促销范围；对于少数规模大、业绩好且长期合作的零售商，可采用延期付款、广告补贴、集中展示补贴等方式，给予它们特别的优惠政策，建立长久而密切的合作关系；在节假日促销，广告补贴和集中展示补贴是不错的方式。

3）进行有效的店头监督

为了保证零售补贴的效果，厂家应对零售商进行有效监督，防止个别零售商不按规定执行。例如，不按要求集中展示，展台掺杂其他厂家的产品，私自扣留赠品，不执行统一降价规定及其他违反厂商协议的行为等。

8.2.7　POP广告

POP广告（Point of Purchase Advertising）也叫售点广告，是指在超级市场、百货商场、连锁店、杂货店等零售店的橱窗里、走道旁、货架、柜台、墙面及天花板上，以消费者为对象的彩旗、海报、招贴、招牌、陈列等广告物。POP 广告通常是为了弥补媒体广告的不足，强化零售终端对消费者的影响力。

1．POP 广告的类型

POP 广告可以由零售店自制自用，也可以由厂家制作然后提供给零售店使用。零售店自制的 POP 广告主要是要突出零售店的特色，强化形象。例如，统一的色彩、装饰风格、服务宗旨及统一的商品分区，包括零售店搞促销活动使用的海报、招贴画、横幅（直幅）（见图 8-6）、电动字幕等。下面主要介绍厂家的 POP 广告，这是当今的主流，各个零售店的 POP广告主要是厂家制作的，具体类型有以下几种。

图 8-6 超市的 POP 广告类型

（1）招牌。在很多零售店，尤其是规模不大的零售店，招牌多由厂家免费制作。这类招牌的共同特点是：招牌上既有零售店的名称，同时又有厂家产品的名称和图案。这是一种两全其美的方法，零售店节约了招牌制作费，厂家免费打广告。但大型零售商和连锁经营的超级市场不会采用此方法，因为这种招牌主要突出产品而非零售店的名称。

（2）配套的机器设备。制冷的饮料展示柜、销售冰激凌的冰柜、香烟展示柜，以及印有品牌的产品展台、陈列架等，由于能够明显看到品牌，这些机器设备能够起到广告宣传作用。

2．POP 广告的优、缺点

1）POP 广告的优点

POP 广告之所以被大量使用，无论对厂家还是零售商，以及消费者，都具有其他广告媒体所不可比拟的优势。

（1）对厂家而言，POP 广告相对于其他形式，可以说是最省钱的广告，制作费用低，消费者接触面广，广告效果好，好的 POP 广告能够给消费者留下深刻的印象。

（2）对零售商而言，厂家制作的 POP 广告一般都很精美，并且大部分是免费的，可以起到美化卖场的作用，使顾客心情愉快，刺激他们购物。这样不仅提升人气，而且可以带动其他商品的销售。特别是超级市场，服务人员相对少一些，卖场布置得好坏会在很大程度上影响销售额，POP 广告可以使卖场更生动、更有吸引力。

2）POP 广告的缺点

POP 广告虽然有很多优点，但同时也存在以下一些不足。

（1）容易忽略零售店的利益。厂家制作的 POP 广告主要考虑自身利益，设计思路也是围绕产品来展开的，有时对零售店的实际情况考虑不够，很容易导致与零售店的整体风格不一致，或者不能很好地吸引消费者。

（2）容易出现混乱。一个零售店不可能只有一个厂家提供的 POP 广告，当多个厂家都向同一家零售店提供 POP 广告时，不同风格、不同形式的 POP 广告难免会发生冲突，甚至会让消费者感到眼花缭乱、头昏脑涨。POP 广告讲究画龙点睛、点到为止，太多则过，过多的 POP 广告则会使卖场显得凌乱，不仅达不到促销效果，反而会影响消费者的购买心情。

8.2.8 其他促销方式

除了以上几种主要的促销方式外，还有以旧换新、消费信贷、现场演示、商品展销等方式。

以旧换新主要适用于耐用消费品，可以是促销厂家的产品，也可以是其他厂家的产品，主要目的在于巩固与老客户的关系，同时拓展新的客户。

消费信贷是厂家或商家通过与银行联合，为消费者购买耐用消费品提供按揭贷款。例如，购买汽车等高档消费品，采用按揭贷款方式能够缓解消费者的购买压力，从而刺激消费。

现场演示是指促销员在销售现场一边演示，一边介绍，有时还会指导顾客试用。俗话说："言传不如身教"，通过现场演示，能够使顾客很直观地了解产品的特性，从而刺激消费者产生购买欲望。

商品展销则是通过专门的展销会突出某一产品的品牌或宣传企业，提高企业及其产品的知名度，同时增加销售额。

由于市场竞争的不断加剧，企业的促销方式也在不断地推陈出新，各种千奇百怪的促销活动也越来越多，有的企业搞人体彩绘、有的办时装秀、有的在商场门口搞攀岩比赛……

8.3 促销方案的策划

8.3.1 策划促销方案的程序

无论促销活动的规模大小，策划促销方案时都是按图 8-7 所示的程序进行的。

制定促销目标 ➡ 明确促销主题 ➡ 选择促销创意 ➡ 拟订促销方案

图 8-7 策划促销方案的程序

促销活动能否达到预期目标，关键在于促销方案的策划。促销活动要有新意和针对性，要能够充分调动消费者的积极性。

1．制定促销目标

促销是一种阶段性行为，促销目标也就是一种阶段性目标，必须服从于企业的整体市场营销目标并考虑市场状况。制定促销目标应力求准确性、现实性和科学性。

促销只是一种手段而不是目的，因此必须明确为什么要进行促销，是为了宣传新产品还是为了巩固品牌形象，或者是为了反击竞争对手的促销攻势从而保持市场的均衡。如果目标不明确，就很难选择具体的促销方式，甚至无法确定促销的力度。如果盲目制定目标，则很可能出现目标太低或太高的状况。

2．明确促销主题

促销主题的设计要能激发消费者的购物冲动，引起消费大众的注意。拟订促销方案时，主题应鲜明生动、通俗易懂并结合流行热点。例如，"购物达××元，免费看世博"的抽奖活动，就是紧紧抓住 2010 年世界博览会这个主题。促销主题应紧扣流行时尚、热点、焦点等消费者比较关注的话题。

3．选择促销创意

促销创意主要体现在新、奇、特。如果一味照搬其他企业的促销方式，消费者往往缺乏足够的兴趣，所谓见怪不怪，同样的促销活动见多了，消费者的参与热情自然会减退。因此，促销创意必须求新、求奇、求特，使消费者感到好奇、新鲜，感到很特别，感到与众不同，促销活动才会有吸引力。

4．拟订促销方案

拟订的促销方案应该是具有可操作性的具体实施方案，促销方案中必须明确促销地点、时间、方式、口号、品种、人员的分工及要求，甚至发放礼品、回收优惠券等工作细节都应该在方案中详细标明。拟订的促销方案还需要进行审定和检验，确保促销活动的成功。

8.3.2 拟订促销方案应考虑的主要因素

1．促销时机

促销时机的选择应根据消费需求时间的特点并结合企业的市场营销战略来确定，日程安排应与生产和分销保持一致。

2．促销期限

促销期限既不能过短，也不能过长。期限太短，会失去一部分消费者；太长又会增加活动成本并很可能让消费者产生怀疑。在确定促销期限时，应综合考虑产品特点、消费者购买习惯、促销目标、竞争者策略及其他因素。

3．促销对象和预算

不同的促销对象对于促销方式的偏好是不同的，青少年喜欢玩游戏，老年人喜欢免费试用，女性则喜欢折价优待。因此，必须明确促销的目标顾客群是哪个群体，采用哪种方式最有效。

4．促销预算

对促销活动的总开支应有一个规划和控制，尽量做到少花钱，多办事。

本章小结

促销是促进销售的简称，是企业为了提升产品形象，扩大销售额所采取的一系列活动。促销是一种企业与消费者之间的沟通方式，包括广告、公关关系、人员促销和营业推广四种手段。通常所说的促销主要是指营业推广，营业推广是指企业在某一段时间内采用特殊方法对消费者或中间商进行强烈刺激，以激励他们加大购买力度。

促销既可以由生产厂家策划进行，也可以由零售商单独进行，但大部分是厂家和零售商联合进行；厂家促销既可以针对消费者，也可以针对零售商。

当企业推出新产品需要进行宣传推广时，为了强化产品和企业形象，或者为了稳固市场份额，或者为了应对竞争对手的攻击，都需要搞促销活动，促销活动一般是几种促销手段组合使用，称为促销组合。

促销的方式主要有：赠送优惠券、折价优待、集点优待、竞赛和抽奖、免费试用、零售补贴、POP 广告，以及以旧换新、消费信贷、现场演示、商品展销等。

促销策划包括制定促销目标、明确促销主题、选择促销创意、拟订促销方案。拟订促销方案时应考虑促销时机、促销期限、促销对象和促销预算并制定相应的应急方案。

习题 8

选择题

1. 促销组合中使用最频繁、消费者最熟悉的一种手段是（　　）。

A．广告　　　　B．公关　　　　C．人员促销　　　　D．营业推广

2. 人们通常所说的"促销"主要是指（　　）。

A．广告　　　　B．公关　　　　C．人员促销　　　　D．以上全部

3. 下列不属于折价优待的优点的是（　　）。

A．能够紧紧维系现有顾客　　　　B．能够调动零售商的积极性

C．能够培养客户的忠诚度　　　　D．能够有效攻击竞争对手

4. 生产厂家和超级市场联合促销，以下方式效果最好的是（　　）。

A．发放优惠券　　B．折价优待　　C．竞赛和抽奖　　D．POP 广告

5. 在促销活动的准备工作中，下列描述错误的是（　　）。

A．活动前五天准时完成标准陈列及所有产品的标价、宣传品和促销品的布置

B．促销合约应注明时间、店名、陈列面积、陈列方式、店方进货数量、结算方式、促销费用标准、支付方式、现场促销人员数量、工作区域等

C．策划人直接对执行人员用书面、口头、图示、现场演示等方式，充分说明活动内容，活动前一周确认所有物品、资料、人员是否到位，明确各自职责和奖惩制度

D．活动前三天，销售人员落实相关订单，确保卖场有足够的货源

6. 以下关于促销与营销的关系说法正确的是（　　）。

A．促销就是营销　　　　B．促销是营销策略中的一部分

C．促销是营销的发展　　　　D．营销的重点是促销

7. （　　）比较适合现阶段我国彩色电视机行业的广告目标。

A．培养品牌的偏好　　　　B．描述可提供的服务

C．鼓励消费者改用本企业的品牌　　　　D．强化或改变对产品的信念

8. 能引人注意、送达率高，但成本大、转瞬即逝的广告媒体是（　　）。

A．杂志　　　　B．报纸　　　　C．广播　　　　D．电视

9. 企业在确定广告目标后，下一步即要确定（　　）。

　　A. 媒体采购　　　　　B. 广告人员　　　　　C. 广告形式　　　　　D. 广告预算

10. 广告的四大媒体通常是（　　）。

　　A. 报纸、杂志、广播、电视　　　　　　　　B. 报纸、杂志、广播、电影

　　C. 报纸、杂志、橱窗、路牌　　　　　　　　D. 报纸、杂志、电视、橱窗

11. 在（　　），企业应把促销规模降到最低限度，以保证获得足够的利润。

　　A. 成长期　　　　　B. 成熟期　　　　　C. 投入期　　　　　D. 衰退期

12. 人员促销作为一种促销方式，其优点是（　　）。

　　A. 沟通信息直接　　　　　　　　　　　　　B. 反馈及时

　　C. 可当面促成交易　　　　　　　　　　　　D. 以上所有

案例分析 8

"小蓝杯"凭什么迅速走红？

在快速发展的当下，很多白领会有喝咖啡的习惯，很多写字楼里都会出现星巴克的身影，但是最近我们看到了一种蓝色标志的咖啡迅速崛起，并占领各大写字楼，人们亲切地称它为"小蓝杯"（luckin coffee）。它凭什么走红？又凭什么在短时间内与咖啡巨头星巴克齐肩？最重要的就是营销手段。

首先是前期的宣传。他们抓住现在最流行的互联网，在社交网站甚至是写字楼的电梯里，都能听到、看到"这一杯，谁不爱"的宣传字眼，通过这些方式，在大众心里有一个最基础的印象，这也是营销的一个方式——制造视角。前期的广泛宣传就是以顾客的视角，将顾客最在乎的成分、质量及体验全方位地展现，这是"小蓝杯"成功的第一步。

接下来就是最具体也是最关键的"营销视角"。"小蓝杯"最重要的营销手段就是分裂变换，App 分裂变换，主要的形式就是红包、抽奖、拉人奖励等，老客户引进新客户，这是一贯的运营手段，也是最常用的、有效的手段，虽然红包的确很诱人，但是最快捷有效的依旧还是拉人奖励，很多购物 App 都是通过这样的手段增加了至少 60% 的用户。

线下同样不可忽视，虽然现在互联网发展迅猛，但是线下的营销手段同样不可忽视，"小蓝杯"将网上同样的营销方式放到了线下，将卖点设立在需求量最高的写字楼，每一位白领或是路过的人都会对这个有点"高大上"的咖啡留下印象，而且最关键的是，在线下享受同样优惠的同时，还能更直观地感受咖啡的制作过程，这些都是线上体验不到的东西。

图 8-8　瑞幸（luckin）咖啡

"小蓝杯"在短短的时间内就成了"网红"，原因其实可以总结为两点。首先是对于咖啡市场的认知，"小蓝杯"能够毅然决然地打开咖啡市场，证明营销人员在总结了咖啡市场的数据后，对于整个行情是相当有把

握的，所以"小蓝杯"抓住了咖啡市场的机遇，将自己的特点凸显出来，成功地吸人眼球。其次是营销手段，"小蓝杯"的目标相当明确，就是要做跟星巴克一样的咖啡品牌，甚至是超过它，所以在线上线下都下足了功夫，甚至是超过了"星爸爸"，让客户感受到满满的诚意。

【案例思考】

1．该产品营销活动为什么会取得成功？

2．你认为还有哪类商品适合采用这种营销手段？

实训 8

课堂训练：促销方案策划

主　　题：节日现场促销

课　　时：2 学时

地　　点：教室（最好在校内实训基地，如超级市场、商场）

过程设计：① 教师指定某一品牌的商品，要求学生拟订该品牌节日现场促销方案。

　　　　　② 学生设计方案并当场陈述。

　　　　　③ 选择最佳促销方案。

目　　的：① 巩固学生所学知识，熟悉各种促销方式。

　　　　　② 培养学生的创新意识，提高其语言表达能力、逻辑思维能力。

注意事项：① 学生提前搜集相关资料并撰写促销方案。

　　　　　② 可将学生分为若干小组，小组人数不限，自由组合。

　　　　　③ 以小组为单位进行陈述。

建　　议：① 最好指定学生比较熟悉的商品。

　　　　　② 学校可与该商品生产厂家或经销商联系实战事宜。

　　　　　③ 将该次活动中学生的表现计入学生毕业考试成绩。

实战演习：实施促销方案

主　　题：现场促销

地　　点：超级市场或商场

过程设计：① 联系生产厂家，商讨促销的具体事宜，落实资金、人员、物品等具体细节。

　　　　　② 联系拟举行促销活动的超级市场或商场。

　　　　　③ 做促销前的各种准备工作。

　　　　　④ 实施促销方案。

目　　的：锻炼学生的实际工作能力，检验学生的真实水平。

注意事项：① 明确学生各自的职责并严格遵守各项规章制度。

　　　　　② 促销期间，学生一律按公司员工标准进行考核，工作成绩计入毕业考试成绩。

阅读材料 8

只做最容易成功的事

在纽约的第五大道，有一家复印机制造公司，他们需要招聘一位优秀的推销员，老板从数十位应聘者中初选出三位进行下一步的考核，其中包括来自费城的年轻姑娘安妮。

老板给他们一天的时间，让他们在这一天时间里尽情地展现自己的能力。可是，什么事情才最能体现出自己的能力呢？走出公司后，这几位推销员商量开了，一位说："把产品卖给不需要的人！这最能体现能力了，我决定去找一位农夫，向他推销复印机！"

"这个主意太棒了！那我就去找一位渔民，把我的复印机卖给他！"另一位应聘者兴奋地说。出发前，他们叫安妮一起去，安妮考虑了一下说："我觉得那些事情太难了，我还是选择做容易点的事情吧！"

第二天一早，老板再次在办公室里召见了这三位应聘者："你们都做了什么最能体现能力的事？"

"我花了一天时间，死缠烂打，终于把一台复印机卖给了一位农夫！"一位应聘者得意地说："要知道，农夫根本不需要复印机来工作，我却能使他买下一台产品！"

老板点点头，没说什么。

"我用了两个小时跑到郊外的哈得孙河边，又花了一个小时找到一位渔民，接着我又足足花了四个小时，费尽口舌，终于在太阳即将落山时说服他买下了一台复印机！"另一位应聘者同样得意扬扬地说："事实上，他根本就用不到复印机，但是他买下了！"

老板仍是点点头，接着他扭头问安妮："那么你呢？小姑娘，你又把产品卖给了什么人，是一位系着围裙的家庭主妇？还是一位正在遛狗的阔夫人？"

"不！我把产品卖给了三位电器经营商！"安妮说着，从文件包里掏出几份文件来递给老板说："我在半天时间里拜访了三家经营商，并且签回了三张订单，总共是600台复印机！"

老板喜出望外地拿起订单看了看，然后他宣布录用安妮。这时，另两名应聘者不服气地提出了抗议，他们觉得卖给电器经营商丝毫没有什么可奇怪的，他们本来就需要这些产品，这也根本体现不出安妮有任何能力，他们认为安妮的能力根本无法与他们相提并论。

"我想你们对于能力的概念有些误解！能力不是指用更多的时间，去完成一件最不可思议的事，而是用最短的时间，完成更多最容易的事！你们认为花一天的时间把一台复印机卖给农夫或渔民，和用半天时间把600台复印机卖给三位经营商比起来，谁更有能力，又是谁对公司的贡献更大？"老板接着严肃地说："让农夫和渔民买下复印机，我甚至怀疑你们是不是花言巧语地胡乱吹嘘了许多复印机的功能！如果是这样的话，我必须要提醒你们，这是一个推销员的最大禁忌！"

说完这番话以后，老板告诉他们在录用人选上，他不会改变自己的主意！在日后的工作中，安妮一直都秉承一条原则：把所有的精力都用来做最容易成功的事情！不去做那些听上去很悬乎，但对公司却没什么帮助的事情。多年后，安妮创下了年销售200万台的世界纪录，至今无人能破！

2001年，安妮不仅被美国《财富》杂志评为"20世纪全球最伟大的百位推销员之一（也是其中唯一的一位女性）"，而且还被推选为这家复印机制造公司的首席执行官，一任就是十年！她就是在前不久刚刚宣布退休的全球最大复印机制造商——美国施乐公司的前总裁安妮·穆尔卡希，安妮在自己的回忆录《我这样成功》中写道：真正的脚踏实地，不是追求不切实际的目标，而是认真勤奋地做好眼前的事。我的成功就是用最短的时间，做更多最容易的事情！

营销工作应怎么做？结合本案例谈谈你的想法。

第 9 章　网络营销策略

引例 9

当代企业经营正处在一个技术转折、信息爆炸和市场急剧变化的时代。在这个时代，商品和信息泛滥，产品市场饱和，广告有效性下降，顾客忠诚度降低，品牌忠诚度弱化。企业要想将营销和沟通信息传递到目标客户的成本越来越高，过程也越来越困难。

在信息大爆炸的网络时代，产品向需求的转换和企业与市场的沟通变得越来越重要。企业依靠传统的营销媒体和手段，想要在茫茫人海中准确寻找到对自己的产品有需求的客户变得越来越困难；同时，客户和消费者要在企业或产品之林中找到自己满意的商品也绝非易事。网络的出现彻底改变了商家和顾客之间的关系，迫使传统的营销模式发生变化。

于是，各种媒体的营销模式开始引起企业的关注，网络已经成为当代企业吸引并抓住客户、传播营销理念、展示产品（或服务）特点、沟通市场信息、驱动市场发展的主要渠道和窗口。

当当网 1999 年正式开通，目前向全世界网上购物人群提供包括图书、音像、家居、数码等百万种商品的在线销售，是当前最大的中文网上商城。然而，当当网也面临前进道路中的巨大冲击，易趣、淘宝、卓越等电子商务无不对当当形成威胁。为此，如何强化品牌形象、巩固市场地位、在激烈竞争中取胜非常重要。当当选择在大型门户网站上投放为期一个月的网络广告，覆盖包括网易、腾讯等近千家国内优秀媒体。通过丰富多彩的广告表现及广告内容与文章关键词的匹配，充分引起网民对广告的关注，总 PV 达到 40 亿，点击达到 500 万次，不仅形成了广泛的品牌影响力，同时也有效带动了当当网的销售增长。

9.1　网络营销概述

20 世纪 90 年代初，计算机网络的飞速发展在全球范围内掀起了计算机互联网的应用热潮，世界各大公司纷纷利用互联网提供信息服务和拓展公司的业务范围，并且按照互联网的特点积极改组企业内部结构和探索新的营销管理方法，网络营销因此诞生。

网络营销的出现为企业提供了适应全球网络技术发展与信息网络社会变革的新的技术和手段，也是现代企业走入新世纪的营销策略。

9.1.1　网络营销的基本概念

什么是网络营销？网络营销（On-line Marketing 或 E-Marketing）是指以互联网为基础，利用数字化的信息和网络媒体的交互性来辅助营销目标实现的一种新型的市场营销方式。简单地说，网络营销就是以互联网为主要手段进行的，为达到一定营销目的的营销活动。

在现实生活中，许多人认为电子商务即等于网络营销。事实上，网络营销与电子商务既有区别又有联系：电子商务的核心是电子化交易，强调交易方式和交易全过程的各个环节；而网络营销注重以互联网为主要手段的营销活动，主要研究的是交易前的各种宣传推广及交易中的营销手段。网络营销可看作是电子商务过程的一个部分，商家在开展电子商务交易过程中可开展不同层次的网络营销活动。网络营销是一个管理过程，建立在传统营销理论基础之上，以互联网络为载体的新营销方式、方法和意识的现代市场营销。

9.1.2　网络营销市场环境

随着计算机网络不断的飞速发展，给企业市场营销创造了新的条件和手段，也越来越成为市场营销活动的基础，创造着新的商业规则，一个虚拟的电子时空正在发展成为与现实环境并行的市场营销环境。层出不穷的信息和高速增长的用户使 Internet 成为市场营销者日益青睐的新资源，网上的市场营销活动也从产品宣传及信息服务，扩展到市场营销的全过程。

网络营销环境是市场营销者的行为时空，是作用于企业营销系统运行的一切外在的参与者和影响力。从这个意义上讲，社会经济、文化、技术、法律、竞争者、公众、供应商等都是企业的环境力量。这些环境因素会影响企业的市场以及营销活动，制约企业为顾客服务的能力和赢利能力。

与传统营销环境相比，网络营销环境具有以下特点：企业营销更多地受国际惯例而不是区域特性的影响；可控与不可控营销要素的界限发生变化；在网络营销情况下，环境要素作为一个整体对市场营销的影响减少，然而微观环境要素中的顾客影响力却迅速增大。

9.2　网络营销的基本方式

常见的网络营销方式有许多，对于网络营销职能的实现，需要通过一种或者多种网络营销的方法完成。而随着生产力水平的不断提高，科学的进步特别是计算机网络技术和环境的不断进步，网络营销的方式不断变化。

9.2.1　传统电商模式下的网络营销

1．搜索引擎注册与排名

搜索引擎注册与排名是最经典、最常见的网络营销方式之一。搜索引擎指自动从互联网搜集信息，经过一定整理以后，提供给用户进行查询的系统。互联网上的信息浩瀚万千，而且毫无秩序，所有的信息像汪洋上的一个个小岛，网页链接是这些小岛之间纵横交错的桥梁，而搜索引擎则为用户绘制了一幅一目了然的信息地图，供用户随时查阅（见图 9-1）。它们从互联网提取各个网站的信息（以网页文字为主），建立起数据库，并能检索与用户查询条件相匹配的记录，按一定的排列顺序返回结果。在主要的搜索引擎上注册并获得理想的排名、网站正式发布后尽快提交主要搜索引擎，是网络营销的基本任务。能够提高搜索引擎优化的主要有搜索引擎优化及关键词搜索。

图 9-1　常见搜索引擎

搜索引擎优化（SEO），简单来说就是能够让网页、关键词排名靠前的各种方法。在网络以抓取机器人为标志的技术性搜索引擎（如百度、Google 等）中获得一个好的排名不是很简单，网站的收录和排列位置都与网站的质量密切相关，因此做好 SEO 非常重要。一个更容易被搜索引擎接受的网站，应该是搜索引擎搜索信息，并且返回的搜索结果让用户觉得很有吸引力，这样才能达到使用搜索引擎的目的。

关键词广告是充分利用搜索引擎开展网络营销活动的一种手段，是付费搜索引擎营销的主要形式，近年来它已成为搜索引擎营销中发展最快的一种。关键词广告形式比较简单。通常是文字广告，主要包括广告标题、简介和网址等因素；显示方法比较合理。出现形式与搜索结果分离，一般不影响后者；可以随时查看流量统计。购买广告之后可以获得一个管理入口实时查看广告流量情况和费用情况。关键词广告可以方便地进行管理。广告主可以根据统计的关键词情况和竞争对手情况来调整自己的广告策略。

亚马逊中国可能是很多网民都了解的 B2C 网站，但是可能没有多少人知道他们其实一直投入巨大的成本在搜索引擎营销上，也取得了非常丰厚的回报。中国搜索引擎的媒体化发展，以及在为大品牌广告主服务的过程中，形成特有的广告展示方式，即"品牌专区"模式，按照大品牌广告主的要求，将近期要发布的详细信息展示在左侧结果列表首位，并在右侧赞助商链接的位置展示与其一致的品牌图形广告。借助付费搜索引擎营销，亚马逊中国 2011 年营业额达到 10 亿美元，可以说成绩斐然。

　　"品牌专区"模式对大品牌广告主而言，一方面能够满足其付费搜索广告的精准信息传播需求，另一方面能够满足其通过图形广告树立品牌形象的需求。品牌专区类广告形式的出现，为大品牌广告提供了三个方面的帮助。

　　（1）从对品牌树立的帮助来看，允许大品牌广告主自由决定搜索结果的板块内容，即允许大品牌广告主将自己的网站内容浓缩在一个搜索结果中。

　　（2）从对销售促进的帮助来看，能够实时更新产品信息，将最新的促销信息实时呈现。

　　（3）这类广告形式还为大品牌广告主提供了良好的公关平台。新广告形式的出现，为搜索引擎营销的投放策略提供了良好的铺垫。

2．网络广告

　　网络广告是最常见的一种网络营销手段，相比传统高额广告费，网络广告具有低成本、有效、快捷等优势。在各大热门门户网站投放广告，针对目标人群更强，回收效果更好（见图 9-2）。

图 9-2　网络广告在网站上投放

3．病毒式营销

　　病毒式营销并非真的以传播病毒的方式开展营销，而是通过用户的口碑宣传网站，使信息像病毒一样传播和扩散，利用快速复制的方式向大批用户进行宣传。例如，大众点评网，它是中国领先的本地生活信息及交易平台，也是全球最早建立的独立第三方消费点评网站。它为用户提供商户信息、消费点评及消费优惠等信息服务，在这种评价机制下，好的商家更容易获得大众的认可从而获得无限商机。

9.2.2　植入式网络营销

1．植入式广告与植入式网络营销

　　植入式广告（Product Placement）是指把产品或品牌符号甚至服务内容通过创意策略手段融入影视剧、电视节目、平面媒体、互联网、户外媒体等媒介载体的内容中，通过在这些媒介载体中的再现，使消费者在无意识的状态下接受这些信息、留下对产品及品牌的印象，继而影响并改变消费者对产品的态度及日后的购买行为。植入式广告由来已久，在国内，它最先被应用在电影和电视剧当中，自 1990 年开始用于春节联欢晚会等大型综艺类节目，2005

年电视选秀活动大行其道，许多品牌又开始与选秀活动联姻，开展植入式营销。这些历史证明，每当有新的营销平台出现，植入式营销就会与其结合，形成新的营销传播模式。2005 年以后，随着电子商务类网站、网络游戏和虚拟社区的发展，品牌开始与它们结合，并渐渐形成新的互联网品牌传播的主流。

植入式网络营销，顾名思义即是在网络中植入广告，潜移默化让消费者接受这种营销方式。互联网植入式广告开始崭露头角并为人们所关注始于 2006 年以后网络游戏中品牌信息的植入。在不到十年的发展过程中，网络游戏运营商逐渐摸索赢利模式，从最初选择书报亭和邮币市场作为营销途径，到盛大挖掘拓展出网吧渠道，再到在线销售系统逐渐成熟和规范，直到 2006 年网络游戏开始大规模进军植入式营销。例如，在风靡一时的开心网社交平台上"种菜"游戏植入中粮集团悦活果汁系列；"停车位"游戏中植入大众等众多品牌的不同车型等。

电子商务网站、网络游戏、虚拟社区等网络新宠的出现，为企业提供了新的品牌传播平台。一些网站将品牌软性地植入网页、社区、游戏、在线服务中，这种方式成本较低，具有良好的黏性和发散性，又具有"润物细无声"的效果，跳出了传统广告的直白诉求模式，以更加隐蔽、积极、动人的形式潜入观众的视野，大大增强了传播的有效性。例如，在 2019 年综艺《向往的生活》第三季中植入了特仑苏、小度人工智能音箱等。这种新的植入式营销开始在国内异军突起。

2．植入式网络营销的特点

与传统营销模式相比较，植入式网络营销有以下特点。

（1）传播主体的多样化，使得植入方式多样化。在传统方式中，传播的主体只能是企业、广告代理商和记者、编辑、导演等大众媒介的工作人员，他们在信息的制作过程中，将产品或品牌的信息植入到影视剧、电视节目、户外媒体或报纸上。而在网络时代，不仅如此，每个网民都可以成为互联网的信息制作者、发布者，他们通过社交平台和门户网站等各种网络平台发布信息，这些信息中包含了大量的产品和品牌信息，往往成为无偿植入的典型。

（2）传播双方的互动性大大增强，信息个性化增强，受众对品牌的体验程度深入，诉求空间扩大。为了接收影视剧、电视节目、报纸的内容，传统媒体的受众被迫强制性地接受了植入的产品或品牌的信息，而对于产品或品牌的其他信息一无所知，植入式营销的效果到此为止。在互联网上，植入式营销正是一系列互动过程的开端。植入的广告可以因时因人而异，受众会接触到为其定制的个性化信息。网络链接会把消费者带到他们感兴趣的品牌的网页，他们可以充分了解自己需要的信息。另外，互联网信息的易得性使得受众可以自发搜寻或无意点击到自己需要的信息，对其进行比较、斟酌并发表意见。不仅如此，线上植入式营销往往与线下营销结合在一起，使得诉求空间更为广阔，受众与品牌的接触深度增强，参与程度更高。

（3）互联网信息黏度大，品牌信息暴露时间可以大大拉长。在传统媒体中，受众接触品牌信息的时间是有限的，因为受众是在观看影视剧、电视节目、报纸、杂志时接触品牌信息，一次性连续接触这些媒介的时间尚且不多，更不用说接触转瞬即逝的植入的品牌信息了。在网络媒体中，植入的载体往往是电子商务网站、网络游戏、网络社区等需要长时间在线的平台，有的互联网用户甚至可以连续在线 24 小时，这远远超过传统媒体，那么接触和了解品牌信息的时间也大大延长了。

（4）最重要的是，网络媒体的综合性特征使得植入的模式不断地创新。网络集影视媒体、平面媒体、户外媒体于一身，从而使植入式营销的形式也不断地创新，呈现出多元化的特征。目前已有文中植入、论坛植入、游戏场景植入、游戏道具植入、游戏整合植入、社交平台植入、网络自制剧植入等。

3．植入式网络营销的种类

按照媒体种类分，植入式网络营销主要可以分为影视类媒体植入、网络媒体植入。

影视类媒体的植入是植入式营销发展的最初阶段，长期以来最受研究者关注。这种植入式营销的主要形式有以下几种。

（1）道具、服饰类。这种形式把产品直接作为演员的道具或服饰，借助演员及其所饰演的角色的身份、地位等来突出产品功能或品牌个性。换句话说，就是演员在剧中穿的、戴的、用的都是植入的产品。例如，著名电影《变形金刚》系列中的雪佛兰、诺基亚、孩之宝玩具、伊利，甚至是周黑鸭等；《欲望都市》中的烈酒、服饰、珠宝、鞋子。

（2）场景类。把品牌符号植入角色活动的场景之中，如麦当劳餐厅和星巴克咖啡馆。2019年《权力游戏》最终季第四集中惊现了一个"星巴克咖啡杯"的穿帮镜头，在几天内给星巴克带来了免费广告效应约为 23 亿美元的价值。

（3）文化类。如电影《从你的全世界路过》让稻城亚丁作为旅游胜地更火了，国产剧《大宅门》《老中医》中对于中国传统的中医文化的植入等。

植入式就是营销主在钓鱼，有心人自会上钩。植入式营销在影视剧中最先被应用，随着网络传播尤其是 Web2.0 时代的到来，与网络媒介的结合使植入式广告上了一层新台阶。从植入式网络营销发展的现状来看，植入式网络营销已经超过了植入式广告的范畴。腾讯公司提出了"全景式植入营销"，这是一种利用创意策略手段和技术手段把品牌全方位、多角度地融入传播媒体的理念，体现了整合营销传播的思想。另外，可口可乐等品牌在网络游戏中的植入已经不仅是单纯的品牌信息的暴露，还是各种植入方式的整合，这些植入方式往往与交互式传播相连。从这个角度上说，植入式广告的概念已经发展为一种营销理念。这种把与产品或与品牌相关的元素软性地融入传播媒体的内容中的理念统称为植入式营销。这些传播媒体包括电影、电视、广播、报纸、杂志、互联网、户外媒体等，甚至手机短信、小说等。植入式营销较植入式广告更能体现当前的发展趋势，更强调理念而不是单纯的"植入术"。基于此，相对于植入式广告，植入式营销不只是一种营销方式，更是一种传播理念。植入式网络营销是植入式广告发展到网络时代的新阶段，是植入式理念与互联网结合的表现形式。

植入式营销作为一个重要的非广告策略日益受到重视。它与整合营销传播的关系可以描述为：

（1）整合营销传播是植入式营销的理论基础。植入式营销就是从消费者出发，通过整合消费者所能接触到的各种娱乐项目和其他沟通领域、整合各种植入方式，使产品或品牌的信息得到策略性的展示。

（2）整合营销传播的兴起也促进了植入式营销媒介环境的成熟和市场的成长。

（3）整合营销传播理论认为，各种形式的传播手段都可以运用，以完成我们所设定的传播目标。植入式营销的兴起，大大地拓展了整合营销传播的空间。

因此，植入式营销的策略原则是：将植入式营销融入整合营销传播的视野之中，综合、协调、创造性地运用各种植入媒体，与品牌的核心理念和营销目标保持一致，与其他信息传播方式一起，完成品牌信息的精准化、全方位、多角度传播。

9.2.3 社交网络时代下的"微"营销

在互联网时代下，网络技术的成熟与更为普遍的应用，使得营销手段在网络中开始广受关注和推广，网络营销开始出现和发展，各种电商应运而生。随着网络分众化、小众化的发展趋势越来越明显，更为微观层面的移动终端平台和交互运用相继出现，为网络营销的发展带来了新的发展途径。

微营销是现代一种低成本、高性价比的营销手段，主要表现在微博、微信等平台。与传统营销方式相比，微营销主张通过"虚拟"与"现实"的互动，建立一个涉及研发、产品、渠道、市场、品牌传播、促销、客户关系等更"轻"、更高效的营销全链条，整合各类营销资源，达到了以小博大、以轻博重的营销效果。

1．"微博营销"——把企业搬到微博上

微博作为新兴媒体，从功能与营销价值角度来讲，都为营销提供的新鲜元素。从功能上来讲，微博营销集市场调研、产品推广、客户关系管理、品牌传播、危机公关为一体（见图9-3）。那么什么是微博营销？微博营销是指企业或非营利性组织利用微博这种新兴社会化媒体影响其受众，通过在微博上进行信息的快速传播、分享、反馈、互动，从而实现市场调研、产品推广、客户关系管理、品牌传播、危机公关等功能的营销行为。

图9-3　星巴克中国在新浪微博上企业认证号

（1）微博营销的主体是企业和非营利性组织。与传统营销不同，非营利性组织也是微博营销的重要主体。非营利性组织由于其预算的有限性，对信息发布系统与人才的投入不像企业那样充裕。因此，一种易操作、低成本而又高效的信息传播工具对非营利性组织而言是非常重要的。微博的出现恰好符合非营利性组织这种需求。

（2）微博营销的方式是在微博网站上进行信息的快速传播、分享、反馈、互动。微博的特点决定了微博的营销方式。微博的本质是信息的快捷传播与分享，这决定了企业利用微博进行营销的方式、企业在微博上进行的一切营销活动都必须围绕这种方式进行。

（3）微博营销的功能是实现市场调研、产品推广、客户关系管理、品牌传播、危机公关等。

2．"微信营销"——点对点的精准营销系统

微信营销是网络经济时代企业或个人营销模式的一种，是伴随着微信的火热而兴起的一种网络营销方式。微信不存在距离的限制，用户注册微信后，可与周围同样注册的"朋友"

形成一种联系，订阅自己所需的信息，商家通过提供用户需要的信息，推广自己的产品，从而实现点对点的营销（见图9-4）。

图 9-4 企业微信公众号营销推送

微信营销主要体现在以安卓系统、苹果系统的手机或平板电脑中的移动客户端进行的区域定位营销，商家通过微信公众平台，结合转介率微信会员管理系统展示商家微官网、微会员、微推送、微支付、微活动，已经形成了一种主流的线上线下微信互动营销方式。

（1）点对点精准营销。微信拥有庞大的用户群，借助移动终端、天然的社交和位置定位等优势，每个信息都是可以推送的，能够让每个个体都有机会接收到这个信息，继而帮助商家实现点对点精准化营销。

（2）平台式营销。开放平台：通过微信开放平台，应用开发者可以接入第三方应用，还可以将应用的 LOGO 放入微信附件栏，使用户可以方便地在会话中调用第三方应用进行内容选择与分享。例如，美丽说的用户可以将自己在美丽说中的内容分享到微信中，可以使一件美丽说的商品得到不断的传播，进而实现口碑营销。公众平台：在微信公众平台上，每个人都可以用一个 QQ 号码，打造自己的微信公众账号，并在微信平台上实现和特定群体的文字、图片、语音的全方位沟通和互动。

（3）强关系的机遇。微信的点对点产品形态注定了其能够通过互动的形式将普通关系发展成强关系，从而产生更大的价值。通过互动的形式与用户建立联系，互动就是聊天，可以解答疑惑、可以讲故事甚至可以"卖萌"，用一切形式让企业与消费者形成朋友的关系，你不会相信陌生人，但是会信任你的"朋友"。而在微信平台上，"朋友圈"内的每个人都可能是营销主体，使营销变得不再仅仅只是企业的事情。

9.2.4 O2O 式的立体网络营销

O2O 营销模式又称离线商务模式（Online-to-Offline），是指线上营销、线上购买带动线下经营和线下消费。O2O 通过打折、提供信息、服务预订等方式，把线下商店的消息推送给互联网用户，从而将他们转换为自己的线下客户。例如，现在著名的"大众点评团"等各种团购类网站。O2O 模式从线上找资源，线下做交易，利用传统产品与网上虚拟相结合更符合传统企业。对买家而言，通过网上筛选和询价服务，线下交流和购买；对于企业而言，可以把所有的品类展示在网上，传播快，信息及时，便于修改价格和库存，提高产品的销售额。因此，在竞争日益激烈的"商场"上，这种低成本的运营渠道吸引了越来越多的商家的注意。

1. 传统的 O2O 模式

2010 年起，团购网站把 O2O 带入了大家的视野中，到目前为止，O2O 已被用于绝大多数企业的经验模式中来。从美团网提出的概念——每天团购一下，到目前各大团购网站的兴起，给消费者带来了逢消费都要看一下有没有团购这样的消费理念，给传统餐饮、旅游、娱乐带来了巨大冲击。例如，餐饮团购模式：优惠券购买模式、特价套餐模式和优惠买单模式等；旅游类 O2O 模式：特价酒店线上订房、旅游景点门票优惠或直接购买旅游套餐行程等；娱乐类 O2O 模式：电影线上订票线下兑换、KTV 线上团购线下消费等。这些全新的消费模式不仅方便了消费者也给商家带来不少优势，在推销产品的同时省去了大量人力物力，节约了成本（见图 9-5）。

图 9-5　电影线上买票和线下取票示例

2. 新兴的 O2O 模式

（1）滴滴出行。滴滴一下，让出行更美好。从 2012 年 6 月 6 日，北京小桔科技有限公司成立，到 2015 年滴滴由打车软件变为滴滴出行平台，滴滴已从出租车打车软件，成长为涵盖出租车、专车、快车、顺风车、代驾及大巴等多项业务在内的一站式出行平台，被称为手机"打车神器"，是受用户喜爱的"打车"应用软件。"滴滴出行"App 改变了传统打车方式，建立培养出大移动互联网时代下引领的用户现代化出行方式。较传统电话约车与路边招手打车来说，滴滴打车的诞生更是改变了传统打车市场的格局，颠覆了路边拦车概念，利用移动互联网特点，将线上与线下相融合，从打车初始阶段到下车使用线上支付车费，画出一个乘客与司机紧密相连的 O2O 完美闭环，最大限度优化乘客打车体验，改变传统出租司机等客方式，让司机师傅根据乘客目的地按意愿"接单"，节约司机与乘客沟通成本，降低空驶率，最大化节省司乘双方资源与时间。它的优势在于匹配用户和司机的需求，减少司机的空载，提高效率。截至 2015 年 9 月，第三方调研数据显示，滴滴已占据国内出租车叫车软件市场 99%的份额。据统计，2015 年 GMV 达到 120 亿美元，而规模化必然伴随着不断延展的品牌冲动。目前，滴滴每天实现 300 万出租车订单，超过 300 万的专车订单，峰值 223 万的顺风车订单，业务覆盖全国 360 个城市（见图 9-6）。

（2）外卖代购类：饿了么。"饿了么"是中国最大的餐饮 O2O 平台之一，公司创立于 2009 年 4 月。作为 O2O 平台，"饿了么"的自身定位是连接"跟吃有关的一切"。除了现有的餐饮配送业务，目前"饿了么"已经将触角延伸至商超配送等其他领域。"饿了么"整合了线下餐饮品牌和线上网络资源，用户可以方便地通过手机、计算机搜索周边餐厅，在线订餐、享受美食。与此同时，"饿了么"向用户传达一种健康、年轻化的饮食习惯和生活方式。除了为用户创造价值，"饿了么"率先提出 C2C 网上订餐的概念，为线下餐厅提供一体化运营的解决方案。

图 9-6　滴滴打车软件

9.2.5　视频营销

视频营销根据其发展方式可分为长视频营销、短视频营销和直播营销。

1．长视频营销

长视频营销是基于视频网站（如优酷、爱奇艺、腾讯视频等）的营销方式，常见的方式有贴片营销、植入式营销方式等。贴片营销主要用于在正片视频前投放广告，植入式营销主要用于视频节目（如影视剧、综艺节目等）。

2．短视频营销

随着移动设备技术的发展，出现了随手拍模式，从而也产生了新的营销方式——短视频营销。短视频是一种内容流量传播方式，一般是一分钟以内的视频在互联网新媒体上传播内容（见图 9-7）。"互联网＋"时代，人人都是自媒体。当下有句流行语"双微一抖，流量在手"，可见其火爆程度。从"papi 酱"到"李佳琦"的走红，短视频就是他们最好的营销利器。

图 9-7　"抖音"编辑发布界面

课堂活动：

你玩过"抖音"吗？试着用"抖音"制作属于你的创意小视频，并和大家一起分享吧！

3. 直播营销

直播营销是指在以直播平台为载体，随着事件的发生、发展进程同时制作和播出节目的方式。它是以达到企业或个人获得销量的增长或（个人）品牌价值的提升为最终目的的。在互联网史上，我们把 2016 年作为直播元年。从这一年开始，直播平台如雨后春笋般多了起来。常见的直播平台有游戏类直播平台（如斗鱼、虎牙等）、娱乐类直播平台（哔哩哔哩、花椒等）、电商类直播平台（淘宝直播、小红书等）、专业类直播平台（一些财经类、学习类）等（见图 9-8）。

图 9-8　常见的直播平台

9.3　网络营销与传统营销

9.3.1　网络营销与传统营销的联系与区别

网络营销作为新兴、不断发展的营销方式，与传统营销既有区别又有联系。

网络营销和传统营销的相同点：

（1）两者都是一种营销活动。

（2）两者都需要企业的既定目标。

（3）两者都把满足消费者需求作为一切活动的出发点。

（4）两者对消费者需求的满足，不仅停留在现实需求上，而且还包括潜在需求。

网络营销与传统营销的不同点：

（1）在产品上：在互联网上进行市场营销的产品可以是任何产品或任何服务项目，而在传统营销领域却很难做到。

（2）在价格上：在互联网上营销的价格，可以调整到更有竞争力的位置上。

（3）在销售上：网络营销具有"距离为零"和"时差为零"的优势，改变了传统的迂回模式，可以采用直接的销售模式，实现零库存、无分销商的高效运作。

（4）在促销上：Web 方式具有更丰富的内涵和实现方式。

（5）在决策上：网络营销的决策内容更多、响应速度更快。

9.3.2　网络营销对传统营销的冲击

1．对传统营销策略的冲击

（1）对标准化产品的冲击——向不同的客户提供不同的商品。

（2）对定价策略的冲击——不利于价格歧视的执行。

（3）对品牌全球化管理的冲击——单一品牌和多品牌均有问题。

（4）对营销渠道的冲击——对中间商的作用会有影响。

（5）对传统广告障碍的消除——网络广告可以消除传统广告的障碍。

2．对传统营销方式的冲击

（1）重新营造顾客关系：网络营销的企业竞争是一种以顾客为焦点的竞争形态，争取新的顾客、留住老顾客、扩大顾客群、建立亲密的顾客关系、分析顾客需求、创造顾客需求等，都是最关键的营销课题。

（2）对营销战略的影响：在互联网的环境下，企业间的策略联盟是网络时代的主要竞争形态，如何运用网络来组成企业的合作联盟，并以联盟所形成的资源规模创造竞争优势，将是网络时代企业经营的重要手段。

（3）对跨国经营的影响：任何渴望利用因特网进行跨国经营的公司，都必须为其经营选择一种恰当的商业模式，并要明确这种新型媒体所传播的信息和进行的交易将会对其现存模式产生什么样的影响。

企业为适应网络环境必须对组织结构进行调整，这是将业务转换到互联网上的组织性挑战。公司必须成立一个由经理人员组成的处理全球业务的部门来对相互联系的各分销网络进行统一协调，及时跟踪全球的发展动态。由于因特网用户对公司营销策略贯彻执行的时效性和响应效率有较高的预期，所以企业必须成立一个特别的顾客服务部来处理客户信息。

9.3.3　网络营销与传统营销的整合

1．网络营销不可能完全取代传统营销

网络营销不可能完全取代传统营销，即使在今后可预见的很长的一段时期，网络营销和传统营销将互相影响、互相补缺和互相促进，直至到将来最后实现相互融合的内在统一。网络营销不可能完全取代传统营销鉴于下述理由：

（1）到目前为止，在互联网上的电子商务市场仅仅是整个商品市场的一部分，从电子商务市场的交易金额来看，仅仅占整个市场交易金额的一小部分。

（2）作为在网上新兴的虚拟市场，它所覆盖的消费群体也只是整个市场中的某一部分群体，其他许多群体由于各种原因还不能或者不愿意使用互联网，如各国的老年人和落后国家地区的消费者。

（3）互联网作为一种有效的营销渠道有着自己的特点和优势，但许多消费者由于个人生活方式的原因不愿意接受或者使用新的沟通方式和营销渠道，如许多消费者习惯于在传统的商场里购物（休闲）而不愿意在网上购物。

（4）互联网作为一种有效的沟通方式，虽然可以使企业与用户相互之间方便直接进行双向沟通，但有些消费者因个人偏好和习惯，仍愿意选择传统方式进行沟通。

（5）营销活动所面对的是有灵性的人，而互联网只是一种工具，因此传统的以人为本的营销策略所具有的独特的亲和力是网络营销所无法替代的。

2．与传统营销的整合

1）整合营销的概念

整合营销是一种系统化地结合各种营销工具和手段，并根据环境进行即时性的动态修正，以使交换双方在交互中实现价值增值的营销理念与方法。整合营销就是为了建立、维护和传播品牌及加强客户关系，而对品牌进行计划、实施和监督的一系列营销工作。

整合营销包括传播统一性、双向沟通和目标营销三个方面的内容。传播统一性指企业以统一的传播资讯向消费者传达，即用一个声音来说话（ Speak with One Voice）；双向沟通是指与消费者的双向沟通，即消费者可与公司展开富有意义的交流，可以迅速、准确、个性化地获取信息、反馈信息；目标营销是指企业的一切营销活动都应该围绕企业的目标来进行，以实现目标营销。

2）整合营销的特点

（1）在整合营销传播中，消费者处于核心地位。

（2）对消费者深刻和全面的了解，是以建立资料库为基础的。

（3）整合营销传播的核心工作室培养真正的"消费者价值观"，与那些最有价值的消费者保持长期的紧密联系。

（4）在整合营销过程中，以本质上一致的信息为支撑传播企业信息。企业不管利用什么媒体，其产品或服务信息一定要清楚一致。

（5）以各种传播媒介的整合运用作为手段进行传播。凡是能够将品牌、产品类别和任何与市场相关的信息传递给消费者或潜在消费者的过程与方式，均被视为可以利用的传播媒介。

3）整合营销的操作思路

（1）以整合为中心。整合营销着重以消费者为中心并把企业所有资源综合利用起来，实现企业的高度一体化营销。整合既包括企业营销过程、营销方式及营销管理等方面的整合，也包括对企业内外的商流、物流及信息流的整合。

（2）讲究系统化管理。整合营销整体配置企业所有资源，企业的各个层次、各部门的各岗位，以及总公司、子公司和产品供应商，与经销商及相关合作伙伴协调行动，形成竞争优势。

（3）强调协调与统一。企业营销活动的协调性，不仅仅是企业内部各环节、各部门的协调一致，而且也强调企业与外部环境的协调一致，强调共同努力以实现整合营销。

（4）注重规模化与现代化。整合营销十分注重企业的规模化与现代化经营。规模化能使企业获得规模经济效益，为企业有效地实施整合营销提供客观基础。整合营销同时也依赖于现代科学技术、现代化的管理手段，现代化可为企业实施整合营销提供效益保障。

本章小结

网络营销是指以互联网为基础，利用数字化的信息和网络媒体的交互性来辅助营销目标实现的一种新型的市场营销方式。简单地说，网络营销就是以互联网为主要手段进行的，为达到一定营销目的的营销活动。

网络营销环境是市场营销者的行为时空，是作用于企业营销系统运行的一切外在的参与者和影响力。从这个意义上讲，社会经济、文化、技术、法律、竞争者、公众、供应商等都是企业的环境力量。这些环境因素会影响企业的市场及营销活动，制约企业为顾客服务的能力和赢利能力。

与传统营销环境相比，网络营销环境具有以下特点：企业营销更多地受国际惯例而不是区域特性的影响；可控与不可控营销要素的界限发生变化；顾客影响力迅速增大。网络营销情况下，环境要素作为一个整体对市场营销的影响减少，然而，微观环境要素中的顾客影响力却迅速增大。

网络营销的基本方式主要可分为：传统电商模式下的网络营销、植入式网络营销、社交网络时代下的"微"营销、O2O 式的立体网络营销和视频营销。

网络营销作为新兴的、不断发展的营销方式，与传统营销既有联系又有区别。它对传统营销方式有着不同程度上的冲击。

扩展阅读

流行网络营销推广手法介绍

流行营销推广	流行网络营销推广手法
免费策略与营销	不管是在线下销售还是网络营销，免费永远是最容易成功的销售策略，当然，免费的目的一直是为了收费
软文营销	目前最火爆的营销方式，不但可以直接突出具体产品优势，还可以塑造品牌
邮件营销（EDM）	经过垃圾邮件的洗礼，很多人都远离电子邮件营销，这却给优秀的邮件营销策略提供了足够的生存空间
社会化网络营销	社会化网络的兴起，代表着它具备足够的关注度和眼球，而吸引眼球是网络营销的基本策略之一
电子书推广	电子书是很传统的一种互联网传播模式，将这个模式运用于营销推广中，会取得让人惊喜的效果
链接交换	找到有价值的、精准的链接交换渠道和目的，灵活地采用链接交换的模式，将使看似普通的链接交换产生巨大的营销推广价值
维基（百度）百科推广	WiKi 的庞大流量就意味着可以带来无限的商机
论坛营销	论坛是免费且无处不在的营销阵地，适合所有网络创业者充分使用
博客营销	新兴的博客在引领潮流的同时也在很大程度上相互竞争着话语权
资源合作	在商言商，没有永远的敌人，所以充分利用资源合作，扩展、完善自身产品的营销流程是必要的
付费搜索营销	百度、Google 对网民的引导作用早已不是秘密，利用付费搜索，往往能取得低投入、高产出的效果
网络危机公关	面对竞争时，网络危机公关将让胜利的天平偏向对营销者有利的一边

习题 9

一、填空题

1．网络营销是指以互联网为基础，利用＿＿＿＿＿＿和＿＿＿＿＿＿的交互性来辅助营销目标实现的一种新型的市场营销方式。

2．病毒式营销并非真的以_____的方式开展营销，而是通过_____，使信息像病毒一样传播和扩散，利用快速复制的方式传向大批用户进行宣传。

3．能够提高搜索引擎优化的主要有_____化及_____。

4．关键词广告是充分利用_____开展网络营销活动的一种手段，是_____的主要形式。

5．网络广告具有_____、_____、_____等优势。

6．在网络媒体中，植入的载体往往是_____、_____、_____等需要长时间在线的平台。

7．网络集_____、_____、_____于一身，从而使植入式营销的形式也不断地创新，呈现出多元化的特征。

8．微营销是现代一种_____、_____的营销手段，主要表现在微博、微信等平台。

9．微博营销的主体是_____和_____。整合营销包括_____、_____和_____三个方面的内容。

10．O2O营销模式是指_____带动_____。

二、简答题

1．什么是网络营销？与传统营销环境相比，网络营销环境具有哪些特点？

2．植入式营销与整合营销传播的关系是什么？植入式营销的主要形式有哪些？

3．简述网络营销与传统营销的联系与区别。

4．如何做好网站的SEO？

5．"微营销"的优势有哪些？

三、思考题

1．你见过网络游戏植入营销案例吗？如果见过，你认为它能成功吗？有哪些可以改进的地方呢？

2．在日常生活中你使用过O2O服务模式吗？你的使用感受如何呢？

3．你所认为最经典的网络营销案例是哪一起？它的成功之处在哪里呢？

案例分析 9

淘宝：饿货节，百人直播吃外卖

2016年，互联网直播平台呈现爆炸式增长，淘宝作为阿里巴巴旗下最大的电子商务平台，也想借助直播营销的方式拓展互联网上的销售市场。阿里巴巴一直遵守着创立的初衷："为商家、品牌提供产品、服务和数字内容的企业，提供基本的互联网基础设施及营销平台，让其可借助互联网的力量与用户和客户互动。"而淘宝网，就是阿里巴巴的重点电子商务营销平台。

2016年，在5月14日至17日期间，淘宝举办了为期4天的"5.17饿货节"活动（见图9-9），邀请了同道大叔、暴走漫画、黄文煜、一只鸡腿子等百名网红直播吃外卖。这场"吃货盛宴"覆盖全国300个城市，阿里与100多家知名国际餐饮品牌、100 000家餐饮商户联手，为消费者提供"不低于五折"的一系列外卖优惠活动。因此，"5.17"也被视为是"外卖的双十一"。

图9-9 淘宝直播：饿货节，
百名主播花式吃外卖

百名网红在直播的过程中，发挥各自的聪明才智"花式吃外卖"，全方位诠释了"5.17 饿货节"的特色内容：外卖也可以吃得很健康，外卖也以吃得很优雅。反手剥麻辣小龙虾、用刀叉吃鸡爪、萌妹子连吃 50 个生煎、健康达人直播"外卖、减肥两不误"等，网红的各种吃相引起了粉丝的留言、点赞。淘宝"饿货节"直播第一天，在线观看的人数就达到了上百万。淘宝的这次直播营销就是典型的"网红人海战术"的胜利。通过"饿货节"上的百人直播，不仅为淘宝直播平台吸引了大批流量，而且为淘宝直播平台留住了大批网红主播。"饿货节"直播活动最终实现了各个方面的"多赢"局面，进而帮助淘宝打开了外卖营销市场。

实训 9

课堂训练：对植入式营销的理解

主　　题：思维拓展能力训练

课　　时：2 学时

地　　点：教室

过程设计：① 结合教学内容，分阶段让学生搜集有关各类植入式营销——广告，按每组 5～6 人进行分组。

② 各小组先对每个人根据资料提出的观点进行讨论，并制作演讲 PPT，推选一名代表上台演讲。

③ 由授课教师对每组 PPT 制作及演讲推广根据其可行性、创意进行点评并颁发奖品。

实训目的：① 培养学生搜集资料并进行信息分析的能力。

② 采用听、说、想、做、讲的形式，拓展学生的思维，提高其分析问题、解决问题的能力。

③ 收集优秀的植入式营销案例，学习其思路和模式，以激发自己的创意细胞。

建　　议：教师可以围绕多种植入式营销案例，采取灵活多样的方式对学生进行各种能力的训练，严格合理分配学生在小组工作中的分工，以提高学生的综合素质和团队合作精神。

实战演习：为产品设计网络营销方案

实战准备：为某一项特定产品或活动（如茶杯或本班主题班会）设计一个网络营销方案，包括学生进行分组咨询、调研（包括各项设计、准备等），在校内进行一次网络营销演习（包括开通产品或活动官方微博、微信；在校园论坛宣传；在允许的条件下联系企业进行植入或赞助等）。

实战目的：① 通过模拟实习，了解各种网络营销途径，选择最适合目标对象的方案。

② 分析根据不同的目标对象哪些网络营销方式更适合。

实施方案：① 指导教师应给予后台支持，包括技术、导向等。

② 建议以小组为单位，围绕下面的问题展开调研。

● 全面分析目标对象特性。

● 进行市场调研，了解你的营销对象。

● 你的营销方案适合你的受众群体吗？

③ 认真完成调研报告，并总结不同的网络营销方式所带来的不同效果。

阅读材料 9

淘宝——原来奔驰也能团

听说过汽车也能从网上团购吗？淘宝聚划算团购平台就上演了一场汽车团购秀，这次团购的主角就是"全球最小汽车"——奔驰 smart。

2010 年伊始，团购网站风生水起，团购在消费者生活中无孔不入。沙发可以团购，衣服可以团购，零食可以团购……甚至连汽车也可以团购，只不过这次的主角是奔驰 smart。

原价 17.6 万元，现在以 13.5 万元的价格就能买到奔驰 smart 硬顶 Style 系列，这样极具诱惑力的价格，让消费者体验到团购的力量。

2010 年 9 月 6 日，淘宝网上的奔驰团购迷你站上线，在不到 24 小时内吸引了 30 万名访问者，在各大网络论坛引起了轰动。9 月 9 日上午 10 点，淘宝聚划算上的奔驰团购如期开团，在众多网友的关注下，出售件数直线攀升，24 秒售出第一辆，3 分钟售出 39 辆，37 分钟 99 辆，1 小时 116 辆，2 小时 143 辆……3 小时 28 分钟的时候，最后一辆奔驰车被买家拍走。淘宝聚划算强大的销售力显然也出乎奔驰的意料之外。原本计划持续 21 天的团购活动，竟然 3 个多小时就销售一空。活动本身也吸引了媒体争相报道。

在团购活动期间，奔驰更邀请 20 家皇冠信誉淘宝店铺参与支持这次活动，店主们分别在北京、上海、杭州、广州、武汉等地的时尚地标处以"smart 城市艺术志"为主题，进行服饰搭配，拍摄时尚大片。

除了团购活动，奔驰还提供一辆 smart 车供淘宝用户进行一元秒杀，同时提供 150 辆 smart 车模，供用户以一元的价格进行团购。淘宝聚划算负责人慧空表示："考虑到这时大宗团购，聚划算还提供了三天内可退还定金的反悔期限，也就是说，消费者有三天时间来检验自己的消费行为是否理性。"

聚划算是淘宝的团购品牌，也是淘宝覆盖全站的团购平台。从 2010 年 3 月 22 日进入团购市场以来，于 8 月 13 日出现日销售额的最高峰：4 款团购产品的销售额突破 900 万元。

启示：聚划算与奔驰 smart 的合作，不仅是 smart 的一次经典电子商务营销案例，也是淘宝聚划算这个平台提升自身品牌的一次契机。淘宝网有广泛的知名度和庞大的年轻时尚客户群体，而奔驰 smart 是都市潮流的引领者、创意生活的代言。smart 通过搭乘淘宝网购的快车，以"最 in 的方式"走进车迷生活。两者的合作开创了别具一格的汽车销售方式。这次团购活动也给汽车、奢侈品等高端品牌的线上营销提供了很好的思路和范例。

参 考 文 献

[1] 周志轩. 成功零售店[M]. 成都：成都时代出版社，2008.
[2] 张承耀. 中国企业经营与管理案例[M]. 北京：经济管理出版社，2000.
[3] 胡东帆. 商品学概论[M]. 大连：东北财经大学出版社，2008.
[4] 周鹏. 综合营销实务[M]. 北京：电子工业出版社，2007.
[5] 李红梅. 现代推销实务（第3版）[M]. 北京：电子工业出版社，2011.
[6] 编写组. 卖场岗位实习[M]. 北京：高等教育出版社，2006.
[7] 于家臻. 市场营销基础（第3版）[M]. 北京：电子工业出版社，2014.

反侵权盗版声明

电子工业出版社依法对本作品享有专有出版权。任何未经权利人书面许可，复制、销售或通过信息网络传播本作品的行为，歪曲、篡改、剽窃本作品的行为，均违反《中华人民共和国著作权法》，其行为人应承担相应的民事责任和行政责任，构成犯罪的，将被依法追究刑事责任。

为了维护市场秩序，保护权利人的合法权益，我社将依法查处和打击侵权盗版的单位和个人。欢迎社会各界人士积极举报侵权盗版行为，本社将奖励举报有功人员，并保证举报人的信息不被泄露。

举报电话：（010）88254396；（010）88258888

传　　真：（010）88254397

E-mail：　dbqq@phei.com.cn

通信地址：北京市海淀区万寿路 173 信箱

　　　　　电子工业出版社总编办公室

邮　　编：100036